Dominic Johnson

Afrika vor dem großen Sprung

Dominic Johnson

Afrika vor dem großen Sprung

Verlag Klaus Wagenbach Berlin

Wagenbachs Taschenbuch 656
Originalausgabe

Politik bei Wagenbach wird von Patrizia Nanz herausgegeben.

Umschlaggestaltung / Reihenkonzept: Julie August, Berlin. Gesetzt aus der Meridien und der Imago von Barbara Zwiener, Leipzig. Vorsatzpapier von Schabert, Strullendorf. Gedruckt auf chlor- und säurefreiem Papier (Schleipen) und gebunden bei Pustet, Regensburg. Printed in Germany.

ISBN: 978 3 8031 2656 6

Inhalt

Erneuerung: Alles wird anders

Afrika im 21. Jahrhundert ist ein Kontinent der permanenten Veränderung. Nichts bleibt so, wie es ist, sobald jemand die Möglichkeit hat, es zu verändern. Wo einst Lehmhütten standen, ragen heute glitzernde Hochhäuser in den Himmel. Statt Sandpisten führen Schnellstraßen durch die Savanne. Die Städte wuchern, und zwar keineswegs nur durch Ausdehnung von Slums, sondern es breiten sich luxuriöse Villenviertel aus, alle Hauptstraßen stecken im Dauerstau, selbst in Armenvierteln regiert das Satellitenfernsehen, und bunte Werbeplakate bedienen das Aufsteigerideal vom Dreizimmerhaus mit Strom, fließendem Wasser und Auto, auch wenn das für die meisten nur ein Traum bleibt.

In weiten Gebieten Afrikas, wo es noch vor zwei Jahrzehnten nicht einmal Telefone gab, regiert heute unangefochten die Mobilkommunikation. Selbst in ländlichen Gegenden benutzt jeder, der lesen kann und irgendwo Zugang zu einer Steckdose und einem Netz findet, ein Handy. Die Zahl der Handynutzer in Afrika, 1989 noch bei 4000, überstieg 2006 die 100-Millionen-Grenze, erreichte 2010 330 Millionen und wächst im gleichen atemberaubenden Tempo weiter; die Mobilfunkpenetration lag 2010 bei etwa 41 Prozent der Bevölkerung, könnte sich also durchaus noch verdoppeln.[1] Nur 13 Millionen Festanschlüsse gab es derweil und nur 77 Millionen Internetnutzer. Die Nutzung der digitalen Technologie ist keine exklusive Angelegenheit einer schmalen Elite. Überall, wo sie es sich leisten kann, drängelt sich die städtische Jugend in Cybercafés und nimmt online an der Welt teil.

Der Mobilfunk schweißt Afrika zusammen wie es keine andere Technologie bisher getan hat. Afrikaner, die ansonsten keine Chance zur persönlichen Begegnung haben, finden zueinander; die afrikanische Diaspora in aller Welt kann endlich im Dauerkontakt zu den Familien und Freunden in der alten Heimat bleiben und damit ein globales Wir-Gefühl gegen die Entfremdung des Migranten und Flüchtlings setzen. Grenzüberschreitendes Telefonieren zu kaum mehr als dem Ortstarif kannte Afrika schon vor Europa. Mobiles Banking und Finanztransaktionen per Einheitenübertragung auf dem Handy sind mehr Afrikanern vertraut als Europäern und sorgen für eine Revolutionierung von Bezahlungs- und Kreditvorgängen auch dort, wo es vorher nicht einmal Bankkonten gegeben hat. Kommunikation, Nachrichten und Debatten per SMS und Facebook nutzen viele Menschen in Afrika mehr als herkömmliche Medien. Damit schließt sich eine Kluft zwischen Afrika und dem Rest der Welt: Jahrzehntelang mussten die meisten Menschen auf dem Kontinent ohne Zeitungen, Festnetz, Briefpost und Bankkonto auskommen, als dies woanders schon selbstverständlich war; heute, im Zeitalter der digitalen Revolution, überspringt Afrikas Jugend in Windeseile das Nichtvorhandensein technischer Infrastruktur und schließt direkt auf in eine virtuelle Welt – überholen, ohne einzuholen.

Nicht nur durch die Digitalisierung erlebt Afrika heute, in der Frühphase des 21. Jahrhunderts, eine in ihrer Schnelligkeit einzigartige, fundamentale soziale Umwälzung. Ein seit Jahrtausenden ländlich geprägter Kontinent verstädtert sich rasant. Seit 2009 leben erstmals mehr Afrikaner in Städten als auf dem Land. Der Rhythmus der Jahreszeiten, der in den meisten Regionen Afrikas ein Wechsel zwischen Trocken- und Regenzeit ist und nicht so sehr einer zwischen Heiß und Kalt, hat sich durch die globalen Klimaveränderungen ohnehin verselbstständigt; die Klage darüber, dass es heutzutage keine richtigen »Seasons« mehr gibt, gehört in Afrika zum guten Ton. Aber jenseits dessen dreht sich das Leben immer weniger Menschen noch in erster Linie um Aussaat und Ernte, um Wasserstellen und Lebensmittelvorräte, diese jahrtausendealten Eckpunkte des ländlichen Lebens und Sterbens. Die Menschen ziehen weg vom Land, die Großstädte platzen aus allen Nähten und wachsen in so rasantem Tempo, dass vielerorts informelle oder sogar tatsächliche Zuzugsbeschränkungen eingeführt werden müssen, die dann doch nur wieder neue Slums entstehen lassen.

Noch 1950 gab es in Afrika südlich der Sahara keine einzige Millionenstadt, heute sind es 35. Kongos Hauptstadt Kinshasa zählte damals 160 000 Einwohner, heute sind es 10 Millionen. Der Großraum Lagos in Nigeria beheimatet insgesamt 40 Millionen Menschen. In den meisten Ländern wachsen die Großstädte doppelt so schnell wie die Gesamtbevölkerung, mit Raten von fünf bis acht Prozent im Jahr.

Der Grund für die Landflucht ist derselbe wie immer und überall: Die Menschen denken, dass es ihnen in den Städten besser geht, und sie haben meistens recht. Sie erhoffen sich dort Zugang zu Technologie, Dienstleistungen, Mächtigen und Arbeitgebern, und sie bekommen ihn. In den Städten fahren Autos, es gibt Strom- und Funknetze, globale Musik und Satellitenfernsehen, und wer Geld hat, bekommt alles, was man auch in der Welt der Reichen auf anderen Kontinenten findet. Auf dem flachen Land gibt es das alles nicht. Wer von der Infrastruktur her isoliert ist, ist in Afrika heute ohnmächtiger und unsichtbarer denn je. In manchen Teilen des Kontinents sind die dünn besiedelten, kaum ans Straßen- und Stromnetz angeschlossenen ländlichen Regionen Gegenden dauerhafter Unsicherheit und Angst geworden. In anderen sind die Dörfer nur noch Altenheime, Refugien der Familienfeiern und der traditionalistischen Nostalgie, in die man sich allein zu besonderen und vor allem zu traurigen

Anlässen begibt. Anfangs zog man noch in die Städte wie ein Fremder, zum Zweck der Arbeitssuche, aber die Seele blieb daheim im Dorf; heute sind immer mehr Städter auch in der Stadt geboren.

Zum ersten Mal ist heute in Afrika etwas zu beobachten, was früher undenkbar war: Die anonymen, kosmopolitischen Städte werden zur neuen Heimat. Afrikas Städter sind Kinder der Städte, ihr gesellschaftlicher und familiärer Horizont hat sich verschoben. Sie wachsen auf mit städtischer Kultur, städtischem Lebensstil und prägen diesen mit. Statusbeweis für sie ist der gelungene Anschluss an globale Konsummuster und die Entfernung vom Alten. Dies verändert Identitäten; althergebrachte soziale Kategorisierungen, ererbte Statuszuschreibungen und ethnische Zugehörigkeiten verblassen. Wohin dies führt, ist noch nicht ausgemacht. Afrika bekommt dadurch ein anderes Gesicht, dessen Konturen erst allmählich erkennbar werden.

Wo nicht mehr die Herkunft allein über sozialen Status entscheidet, wird Konsum und vorzeigbarer Besitz immer wichtiger im Kampf um soziale Anerkennung. Möglichst protzige Autos, möglichst avantgardistische Handys, möglichst teure Kleidung symbolisieren nicht nur einfach, dass man es zu etwas gebracht hat, sondern beweisen auch, dass man die Zeichen der Zeit erkennt. Gerade in der mondänen Mittelschicht steigen Brautpreise und der Wert von Hochzeitsgaben ins Unermessliche; man erhält moderne Wohnungseinrichtungen statt Viehherden und lässt sich dafür möglichst öffentlich bestaunen. Solange die Mehrheit der Bevölkerung in großer Armut lebt, ist jedes auch nur winzige Symbol des Reichtums, das man anderen vorzeigen kann, ein Garant des Aufstiegs.

Afrika wird nicht nur städtischer, sondern vor allem auch jünger. Das in den meisten Ländern nach wie vor ungebrochen enorme Bevölkerungswachstum hat die Gesamtbevölkerung des Kontinents im November 2009 erstmals über die Milliardengrenze katapultiert, und bis 2050 wird sie auf knapp zwei Milliarden steigen.[2] In Afrika südlich der Sahara lebten 1900 noch weniger als 100 Millionen Menschen, also kaum mehr als im damaligen Deutschen Reich; heute sind es über 700 Millionen, anderthalb Mal so viel wie in ganz Europa. Mitte des 20. Jahrhunderts hatten Europa und Afrika etwa die gleiche Einwohnerzahl; Mitte des 21. Jahrhunderts wird Afrika südlich der Sahara seine Bevölkerung gegenüber 1950 verzehnfacht haben, und der ganze Kontinent wird viermal so viele Menschen zählen wie sein nördlicher Nachbar. Dann könnte das kleine Uganda fast ebenso viele Einwohner haben wie Russland und das bitterarme Äthiopien so viel wie Deutschland, Frankreich, die Schweiz, die Niederlande und Belgien zusammengenommen. Während Europas, Chinas und Japans Bevölkerungszahlen stagnieren oder gar zurückfallen, werden sich Indien und Afrika an die vorderen Plätze schieben.

Die geopolitischen Verschiebungen, die dies zwangsläufig nach sich ziehen wird, hat der Rest der Welt noch nicht einmal ansatzweise begriffen. Afrika gewinnt damit endlich den Platz zurück, den es in der Welt innehatte, bevor der Sklavenhandel seine Bevölkerung zu dezimieren begann. Zwischen 1500 und 1900 stagnierte Afrikas Bevölkerung, während in allen anderen Teilen der Welt ein rapides demographisches Wachstum einsetzte. Als der Kontinent im Vergleich zu seinen Nachbarn am entvölkertsten war, gegen Ende des 19. Jahrhunderts, fiel er schließlich vollends der europäischen Eroberung zum Opfer; die Europäer hielten die weiten leeren Flächen, die sie vorfanden, für natürlich, aber in Wahrheit waren sie Ausdruck eines gesellschaftlichen Notstandes, Ergebnis einer tiefen, jahrhundertealten Krise. Nun holt das entkräftete, ausgeblutete Afrika das Verlorene auf, und zwar in jedem Sinne. Die Beendigung des demographischen Ausnahmezustands der vergangenen 500 Jahre ist das Fundament, auf dem sich ein gesundetes Afrika neu entfalten kann.

Anders als von bevölkerungspolitischen Kassandrarufern oft beschworen ist dieses Bevölkerungswachstum für Afrika auch ökonomisch kein Fluch. Wie jeder weiß, der den Kontinent jemals jenseits von Flugzeugen und Hauptstädten bereist hat, sind weite Teile Afrikas bis heute fast menschenleer. Nur ein Bruchteil der landwirtschaftlich nutzbaren Fläche wird überhaupt bebaut. Riesige Landstriche, vor allem in den zentralen Savannen von Angola und Sambia über die Demokratische Republik Kongo und Tansania hinauf bis in die Zentralafrikanische Republik und Tschad, sind komplett jungfräuliches Land, teils während des Sklavenhandels entvölkert, teils während der Kolonialzeit zwangsweise enteignet, teils nach der Unabhängigkeit durch Kriege unbrauchbar gemacht. Sie warten auf die Erschließung durch Bauern, von denen es allerdings immer weniger gibt, sodass Regierungen in die Versuchung geraten, sie großflächig an arabische, asiatische oder europäische Investoren zu verpachten. In ländlichen Regionen Afrikas gibt es zumeist nicht zu viele Arbeitskräfte, sondern zu wenige: Die meisten aktiven jungen Männer ziehen in die Städte, sobald sie können, und die Feldarbeit bleibt den Frauen überlassen. Es ist diese Art von Subsistenzökonomie ohne jegliche technische Unterstützung, die ab einer gewissen Bevölkerungszahl die Menschen nicht mehr ausreichend ernähren kann, nicht die Landwirtschaft Afrikas an sich.

Problematisch ist nicht das Bevölkerungswachstum, sondern das Unvermögen vieler afrikanischer Volkswirtschaften, damit schnell genug produktiv umzugehen. Eine wachsende Bevölkerung ist eine Bereicherung und die beste Absicherung für die Zukunft – dieser Grundsatz prägt die Lebensplanung der meisten afrikanischen Familien, für die es unverständlich wäre, wenn die Regierungen das Gegenteil predigen würden. Aber zugleich haben in jeder Stadt Tausende, Zehntausende, Hunderttausende von Menschen keine reguläre Arbeit und kein reguläres Einkommen, während andererseits unzählige sinnvolle Tätigkeiten nicht ausgeführt werden, weil niemand dafür bezahlt. Millionen von Menschen verlassen jedes Jahr Afrikas Oberschulen und Hochschulen mit Qualifikationen, die sie nie in bezahlter Arbeit werden einsetzen können. Abermillionen weitere haben gar keine ausreichende Bildung, um sich überhaupt Hoffnung auf ein reguläres Arbeitsverhältnis machen zu können. Zehn Millionen Menschen drängen jedes Jahr auf Afrikas Arbeitsmärkte, und nur ein Bruchteil findet mehr als nur kurzfristige Jobs. In Afrika südlich der Sahara arbeiteten im Jahr 2007 77 Prozent aller Menschen im arbeitsfähigen Alter in prekären Beschäftigungsverhältnissen, weitere 8 Prozent waren arbeitslos; in Nordafrika waren es jeweils 37 und 10 Prozent.[3] Das winzige Segment der geordneten, formellen, ordentlich bezahlenden Wirtschaft ist in fast jedem afrikanischen Land eine kleine Insel innerhalb eines Meeres von Überlebenssuchenden.

Ein riesiges, wucherndes, oft verzweifeltes »Lumpenproletariat« im ursprünglichen Sinne des Wortes steht außerhalb des formellen Wirtschaftssystems und findet nur selten Zugang dazu. Es sucht einen Halt in Heilsversprechungen von Predigern und Sekten, seltener im bewaffneten Aufstand, fast immer aufgrund des Fehlens einer längerfristigen Lebensperspektive. Eine Lebenserwartung von 24 Stunden, immer wieder erneuerbar, so beschreibt man dies in den Slums des Kongo. Es klingt resignativ, aber es ist einfach realistisch. Es bedeutet keineswegs, die Hände in den Schoß zu legen.

Die reiche Elite in vielen Ländern Afrikas – sie ist größer als vielfach angenommen und wächst rasch – zahlt demgegenüber so gut wie keine Einkommenssteuern, die Staatseinnahmen kommen zu großen Teilen aus indirekten Steuern, Zöllen und willkürlichen Abschöpfungen. Es fehlt der sozialpolitische Zusammenhalt, der in Industrienationen allen sozialen Schichten ein gemeinsames Interesse an einer funktionierenden Politik gibt und eine demokratische politische Kultur erst möglich macht. Es sitzen eben nicht alle in einem Boot. Die meisten treiben draußen im Wasser und können froh sein, wenn sie nicht ertrinken.

Afrika durchlebt eine revolutionäre Ära, in der es sich häutet und praktisch neu erfinden muss. Es gibt für die meisten Menschen keine Rückkehr mehr in die alten Zeiten einer unverrückbaren, von uralten Traditionen geprägten, mit sich selbst zufriedenen ländlichen Idylle, sofern diese überhaupt je wirklich existiert hat. Diese mythische Vergangenheit, oft auch gerade von afrikanischen Ideologen als Hinwendung zu den Ursprüngen sakralisiert und überhöht, spielt keine Rolle mehr für die Ambitionen und Erwartungen der neuen Generation. Aber noch ist die neue Zeit zu unfertig, als dass man sich mit ihr wirklich identifizieren kann, als dass sie wirklich allen einen Platz und einen Sinn bietet.

Ambitionen: Asiatische Tiger, afrikanische Löwen

Fast jedes Land Afrikas hat inzwischen ehrgeizige Pläne zur Entwicklung und Industrialisierung: Kraftwerke hier, Straßen da, Finanz- und Handelsreformen zum Anwerben von Kapital und zur Erschließung natürlicher Reichtümer. Noch vor wenigen Jahren schien der Kontinent, zumindest in der karikaturalen Vorstellung von Afrika als ewigem Opfer, als fünftes Rad am Wagen der Globalisierung, lediglich Objekt von Fremdbestimmung und Ausbeutung zu sein. Eine gängige Kritik gerade »linker« westlicher Globalisierungskritiker ist, dass afrikanische Länder hoffnungslos am Tropf der mächtigen internationalen Geldgeber hängen, die arme Entwicklungsländer im Würgegriff ihres Neoliberalismus halten und mit gnadenlosen Strukturanpassungsprogrammen die Öffnung für den Weltmarkt auf Kosten der lokalen Bevölkerung erzwingen, um mit den daraus erwirtschafteten Einnahmen die fällige Bedienung der Auslandsschuldenlast zu gewährleisten. Ein komplettes Weltbild basiert auf diesen Annahmen. Es schlussfolgert, dass afrikanische Regierungen durch ihre Abhängigkeit von den Finanzinstitutionen gezwungen sind, eine Politik gegen die Interessen ihrer eigenen Bevölkerungen durchzuführen; dass Demokratie in Afrika also bedeutet, sich von den Forderungen der Geldgeber zu lösen, und dass die Mächtigen der Welt nicht davor zurückschrecken werden, in rohstoffreichen Ländern Marionettenstaaten zu installieren oder fortschrittliche Kräfte zu bekämpfen, um ihre Interessen und damit die des internationalen Finanzkapitals zu wahren und gegen die der afrikanischen Völker zu verteidigen.

In den 1980er Jahren, als zahlreiche Länder ihre postkolonialen Sozialprogramme zugunsten des Schuldendienstes einstellen und ihre Volkswirtschaften ausländischem Kapital und Dumpingimporten öffnen mussten, mag ein Körnchen Wahrheit in diesem Weltbild gesteckt haben. Aber mehr als ein Körnchen war es nie. Die Zeit der Strukturanpassung war eine Übergangszeit. Die HIPC-Armutsbekämpfungsprogramme der in den USA angesiedelten internationalen Finanzinstitutionen für besonders arme Länder, für deren Umsetzung es als Belohnung Schuldenerlasse gibt, wirken heute wie Relikte einer vergangenen Ära, als Afrika noch wie ein Kind behandelt wurde. Kleinprojekte der europäischen Entwicklungshilfe, erhobene Zeigefinger zur Bewahrung der Umwelt, zur Respektierung von Frauenrechten, zum Schutz von Verfassungen, all diese Dinge werden von afrikanischen Politikern heute gnadenlos belächelt, wenngleich sie gezwungenermaßen weiter umgesetzt werden, weil die mächtigen Gebernationen es so wollen, solange man von diesen finanziell abhängig ist. Aber die Führer Afrikas orientieren sich lieber an den Tigerstaaten Asiens. Die Löwenstaaten Afrikas[4] sollen in deren Fußstapfen treten.

China ist nicht das einzige Modell einer erfolgreichen Industrialisierung im Schnelldurchgang, dem afrikanische Staaten nacheifern. Südkorea und Singapur als Beispiele der gelungenen Hinwendung zur Hochtechnologie locken ebenfalls, im Falle Südkoreas auch wegen der Demokratisierung nach erfolgreicher Überwindung von Massenarmut, wovon ja China weit entfernt ist. Vorbilder sind diese Länder nicht so sehr wegen der Einzelheiten ihrer wirtschaftspolitischen Entscheidungen, sondern weil sie für Unabhängigkeit stehen: Sie zeigen, dass es möglich ist, ohne Anleitung des Westens den Sprung zur Industrienation zu schaffen.

Das asiatische Modell bedeutet für Afrika, sich direkt und unverblümt dem wirtschaftlichen Aufbau zu widmen, ohne sich mit Fragen der richtigen politischen Ideologie und Staatsform aufzuhalten. Für afrikanische Modernisierer sind das alles europäische Erfindungen, die nur dazu geeignet sind, die europäische Diskurshoheit zu wahren, den afrikanischen Fortschritt zu verzögern und nötige Entscheidungen für eine rasche Verbesserung der Lebensgrundlagen zu verschleppen. Vorrang hat, dass es den Kindern besser geht als ihren Eltern, in materieller Hinsicht. Dem ist alles andere unterzuordnen. Erst kommt das Fressen, dann die Moral.

Wenn das erstmal geklärt ist, geht es afrikanischen Regierungen vor allem darum, Lösungen für die konkreten Probleme ihrer Länder selbst zu erarbeiten und eigene Prioritäten zu setzen. Diese Prioritäten ähneln sich überall: Strom, fließendes Wasser, Bildung und Gesundheitsversorgung – in den meisten Gebieten Afrikas sind dies die wichtigsten Dinge für die Menschen. Wer zu diesen vier Grundbedürfnissen des täglichen Lebens keinen Zugang hat, ist und bleibt arm, benachteiligt und abgeschnitten von der Welt. Erst wer all dies zur Verfügung hat, kann sich am eigenen Schopf aus der Armut ziehen. In afrikanischen Wahlkämpfen geht es immer um diese Fragen, auf die es im Grunde nur technokratische Antworten gibt: mehr Kraftwerke bauen, mehr Haushalte an die Kanalisation und die Wasserversorgung anschließen, kostenlose Grundschulbildung einführen und dann allmählich erweitern, die Grundzüge einer Gesundheitsversicherung schaffen und dann ebenfalls allmählich ausbauen – dies sind die Herausforderungen, denen sich afrikanische Regierungen stellen müssen und um die sich nicht nur politischer Streit, sondern auch staatliche Haushaltsentscheidungen in fast allen afrikanischen Ländern heute drehen.

Die vier Herausforderungen zu meistern – Energie, Wasser, Bildung, Gesundheit – ähnelt einer Quadratur des Kreises. Die allermeisten Länder haben nicht die Kapazitäten und Ressourcen, das alles auf einmal zu schaffen. Den führenden afrikanischen Ökonomen zufolge braucht Afrika 93 Milliarden US-Dollar im Jahr, um seine Basisinfrastruktur so weit auszubauen, dass Infrastrukturmangel kein Wachstumshindernis mehr darstellt; von diesen 93 Milliarden stehen nur 45 Milliarden tatsächlich zur Verfügung.[5] Diese Lücke zwingt ständig zu schmerzhaften Entscheidungen. Oft gibt es die Wahl zwischen sozialen Basisdiensten und öffentlichen Investitionen in die Infrastruktur. Manche Länder bauen am laufenden Band moderne Teerstraßen, aber die an ihren Rändern lebenden Einwohner haben nicht einmal Strom. Manche Regierungen führen die allgemeine Grundschule ein, aber die Schüler haben nichts zu essen, und die Schulen erheben auf eigene Faust neue Gebühren, um Lehrmittel zu bezahlen. Das führt dann zu heftigem Streit – und übersehen wird, dass vielleicht im Nachbarland noch weniger geleistet worden ist.

Oder eine Regierung bevorzugt einen Landesteil gegenüber einem anderen, privilegiert eine Ethnie und benachteiligt eine andere. So kommt es zu politischen Zerreißproben, die in Wahlkämpfen bürgerkriegsartig ausarten können. Wieder andere Staaten entwerfen zwar ungemein detaillierte Entwicklungspläne, die internationalen Geldgebern gefallen, aber vernachlässigen dabei, die Bevölkerung einzubeziehen und praktische Schritte zur Umsetzung auszuarbeiten, sodass die Menschen sich alsbald betrogen fühlen und vermuten, die Regierenden würden eigentlich in die eigene Tasche wirtschaften.

Die ökonomischen Voraussetzungen dafür, die Herausforderungen einer beschleunigten Entwicklung zu meistern, sind dennoch in Afrika heute so gut wie seit einer Generation nicht mehr. In den 1980er und 1990er Jahren sank das Pro-Kopf-Einkommen Afrikas noch, im ersten Jahrzehnt des 21. Jahrhunderts stieg es erstmals wieder. Lag die jährliche Wirtschaftswachstumsrate Afrikas im Fünfjahreszeitraum ab 1990 noch bei 1,3 Prozent – und damit negativ pro Kopf – stieg sie in den fünf Jahren ab 1995 auf 3,7 Prozent, in den fünf Jahren ab 2000 auf 4,1 Prozent und in den ersten drei Jahren nach 2005 auf 5,6 Prozent. Die Weltwirtschaftskrise ab Herbst 2008 versetzte Afrikas Boom einen herben Dämpfer, und 2009 lag Afrikas Wirtschaftswachstumsrate mit 1,9 Prozent sogar unter dem Bevölkerungswachstum, was eine gefühlte Rezession bedeutete. Aber bereits ab 2010 werden wieder deutliche Erholungen registriert beziehungsweise prognostiziert: 4,3 bis 4,5 Prozent im Jahr 2010, über 5 Prozent im Jahr 2011.[6]

Natürlich sind die diesen Entwicklungen zugrunde liegenden Wirtschaftsdaten nicht einheitlich, sondern nach Ländern aufgeschlüsselt extrem unterschiedlich. Große Ölexporteure wie Angola und Algerien häufen gigantische Kapitalsummen an und boomen in politisch kaum beherrschbarem Ausmaß, manche rohstoffarme Länder sind so gut wie pleite und stagnieren sozusagen in stabiler Seitenlage. Wieder andere finden nicht aus dem endlosen Zyklus von Instabilität, Bürgerkrieg, Staatszerfall, Verarmung und ökonomischem Niedergang heraus. Investitionen aus dem Rest der Welt fließen vor allem in die Rohstoffausbeutung und die für deren kostengünstige Verwertung benötigte Infrastruktur, nicht so sehr in die Befriedigung der Grundbedürfnisse der Bevölkerung.

Und natürlich sind ein paar Jahre Wachstum nicht ausreichend, um die Lebensverhältnisse der Menschen nachhaltig zu verändern. Nach den Erfahrungen Asiens ist eine jährliche Wachstumsrate von mindestens 7 Prozent nötig, und das über mindestens ein Jahrzehnt, um spürbaren Wohlstandszuwachs zu erzeugen – nur so kann sich mathematisch gesehen das Pro-Kopf-Einkommen in 10 Jahren verdoppeln und in 20 Jahren vervierfachen. Nur wenige afrikanische Länder sind in dieser Situation. Aber wichtig ist der Trend über die vergangenen 20 Jahre. Es hat lange gedauert, aber die Früchte von Reform und harter Arbeit werden erstmals allmählich sichtbar. Und wenn die nötigen Verbesserungen der Infrastruktur realisiert werden, könnte die Wachstumsrate sich endlich dauerhaft bei 7 Prozent einpendeln, schätzen Afrikas Ökonomen.

Doch gibt es keinen Grund, warum dies nicht möglich sein dürfte. Afrika ist heute nicht mehr wie noch vor kurzer Zeit ein Kontinent, der hoffnungslos in einer Falle aus zu niedrigen Exportpreisen und zu hohem Schuldendienst gefangen ist und all sein hart verdientes Geld sofort wieder den reichen Gläubigernationen in den Rachen schmeißen muss. Afrika verdient heute viel mehr als früher, und viel mehr davon bleibt in Afrika. Afrikas Auslandsschulden betrugen im Jahr 2000 63 Prozent der gesamten Wirtschaftsleistung (BIP), im Jahr 2010 noch 25 Prozent – damit sind Afrikas Staatsfinanzen in den meisten Ländern saniert, mit wenigen Ausnahmen wie Simbabwe, Kongo oder Guinea. Die durchschnittliche Sparquote in Afrika ist auf über 30 Prozent gestiegen, gegenüber weniger als 20 Prozent vor der Jahrtausendwende. Hauptsächlich liegt das an der Anhäufung von Devisenreserven in ölexportierenden Ländern; damit bildet sich ein Kapitalstock, der langfristig Investitionen zum Aufbau Afrikas finanzieren könnte, sofern dafür die unternehmerische Initiative ergriffen und von den Regierungen auch gefördert wird.

Es fließen unglaubliche Mengen Geld nach Afrika infolge der gestiegenen Rohstoffpreise. Nach Jahrzehnten der stetigen Verschlechterung der »Terms of Trade«, also der Verteuerung von Importen bei gleichzeitigem Preisverfall für die eigenen Exportprodukte, hat sich die Lage dank des asiatischen Rohstoffhungers umgekehrt: Die Verkaufspreise für Rohstoffe schießen in die Höhe, Afrika kann heute viel mehr Geld aus dem gleichen Exportvolumen gewinnen als früher;

dies lockt wiederum Investoren an, die die Exporte erhöhen und damit die Einnahmen noch mehr. Afrikas drei größte Ölexporteure – Algerien, Angola und Nigeria – nahmen in den 1990er Jahren rund 300 Milliarden Dollar durch Ölexporte ein; im ersten Jahrzehnt nach der Jahrtausendwende waren es rund eine Billion. Neue Ölförderer aus Afrika drängen auf den Weltmarkt: Sudan, Äquatorialguinea, Ghana, Uganda. Exporte von Gold, Diamanten, Eisenerz, Bauxit und zahlreichen anderen Metallen und Erzen boomen.

Afrikas Investitionsquote steigt langsamer als die Exporteinnahmen, liegt aber bei über 20 Prozent des Bruttoinlandsprodukts und damit ungefähr auf dem Niveau von Asiens Tigerstaaten zu Beginn ihrer Industrialisierung. Zwei Drittel der Investitionen kommen aus dem Privatsektor. Die Devisenreserven Afrikas haben sich seit 2004 verdreifacht, die Investitionen aus dem Ausland ebenfalls, die Geldüberweisungen der afrikanischen Diaspora in die Heimat haben sich verdoppelt. Allein 2008 strömte aus dem Rest der Welt Kapital im Wert von 88 Milliarden Dollar nach Afrika, ein Rekordwert und über ein Viertel mehr als im Vorjahr; im Jahr 2000 waren es noch 15 Milliarden gewesen. 64 Milliarden Dollar der Kapitalflüsse von 2008 gingen in die Staaten südlich der Sahara, 24 nach Nordafrika; die größten Empfängerländer waren Nigeria (20 Milliarden), Angola (15 Milliarden) und dahinter fast gleichauf mit je rund 9 Milliarden Ägypten und Südafrika. Neben diesen Ländern gibt es eine Reihe anderer Staaten, die in diesen Jahren erstmals Zugang zu internationalen Kapitalmärkten suchen und finden; neben Ghana ist es hauptsächlich der Boomstreifen Ostafrikas von Mosambik über Tansania und Kenia bis nach Uganda.

Investitionen in Afrika werfen höhere Renditen ab als irgendwo sonst, wie zum Beispiel die deutsche Bundesregierung nicht müde wird zu betonen[7] – ein Zeichen dafür, dass afrikanische Länder noch immer mit größerer Zurückhaltung bewertet werden als asiatische oder lateinamerikanische mit vergleichbaren Wirtschaftsdaten und dass daher nur überdurchschnittlich rentable Projekte tatsächlich zur Realisierung kommen. Doch es gibt eben auch jede Menge überdurchschnittlich rentabel erscheinende Projekte, die auf Investoren warten: die Kupfer- und Kobaltminen des Kongo mit den reichsten Erzvorkommen der Welt; das Wasserkraftpotenzial des Kongo-Flusses und des Blauen Nils; die gigantischen Gold-, Öl- und Gasreserven unter der Saharawüste; die Ölvorkommen entlang der Atlantikküste zwischen der Elfenbeinküste und Angola sowie im Sudan, in Äthiopien und dem Afrika der Großen Seen; die Eisenerz- und Bauxitschätze von Liberia und Guinea; die schier unendlichen Möglichkeiten zur Nutzung von Wind- und Sonnenenergie in der gesamten Saharawüste; und nicht zuletzt die immensen Weiten unerschlossenen fruchtbaren Landes quer über die menschenleeren Savannen im Inneren des Kontinents.

Zu den spannendsten und lukrativsten Investitionsprojekten Afrikas gehört die Verkabelung des Kontinents. Zahlreiche Unterwasserkabel von Europa oder Asien nach Afrika, die rings um den Kontinent führen und allen afrikanischen Ländern den Anschluss an die globalen Netze schneller Datenübertragung ermöglichen, sind in Planung, im Bau oder bereits in Dienst gestellt. Neu für Afrika: Die meisten Konsortien, die dies leisten, sind mehrheitlich in afrikanischem Besitz. So ging im Jahr 2009 das 17 000 Kilometer lange Kabel Seacom in Betrieb, das das südliche und östliche Afrika miteinander und mit Südasien verbindet; das Seacom-Konsortium, mit Basis in Mauritius, wird zwar vom US-Amerikaner Brian Herlihy geführt, sein Kapital ist aber zu 76 Prozent afrikanisch. Afrikas neue Unternehmerschicht beginnt, den Kontinent über alle Ländergrenzen hinweg zu verkabeln, und nutzt dafür das auf dem globalen Markt zur Verfügung stehende Fachwissen. Sie macht damit Riesenschritte zur gesamtafrikanischen Integration, viel schneller als die Politiker, die mit ihrem gesamtafrikanischen Staatenbund »Afrikanische Union« (AU) ständig bei der Europäischen Union um Geld für ihre Aktivitäten betteln gehen müssen und ihre eigenen Beschlüsse kaum je umsetzen.

Wichtig dafür ist auch, dass die Kapitalströme innerhalb Afrikas stark zunehmen. Libyens Investmentfonds, Südafrikas Multis, Nigerias Banken – sie alle strecken ihre Fühler zu den afrikanischen Nachbarn aus und zunehmend auch darüber hinaus. Die libysch-südafrikanische Rivalität ist für die politischen Beratungen der Afrikanischen Union bestimmend und oft lähmend, und neben Libyen und Südafrika verlangt immer wieder auch Nigeria als mit großem Abstand bevölkerungsreichstes Land des Kontinents eine Führungsrolle in Afrika, beispielsweise bei Ansprüchen auf einen ständigen afrikanischen Sitz im UN-Sicherheitsrat.

Diese afrikanischen Großmächte sind auf dem Kontinent nicht besonders beliebt, und daraus ergeben sich neue Gegensätze in Afrika, die anders als früher nicht mehr von äußeren Interessen wie dem Ost-West-Konflikt bestimmt werden, sondern einer eigenen Logik folgen. Die brisantesten Konkurrenzkämpfe in Afrika sind nicht mehr die zwischen politischen Lagern, sondern die zwischen knallharten Wirtschaftsinteressen in Afrika selbst: Südafrikanische Multis gegen lokale Konzerne, libysche Investmentfonds gegen Nachfolgeunternehmen ehemaliger Kolonialfirmen, aber auch zum Beispiel der Kampf um die gerechte Verteilung des Nilwassers zwischen Ägypten an der Mündung und den Oberlaufstaaten Äthiopien und Uganda, oder die Frage der panafrikanischen Nutzung des kongolesischen Wasserkraftpotenzials aus dem möglichen Ausbau des Inga-Staudamms am Unterlauf des Kongo-Flusses.

Bei solchen Konflikten geht es vor allem darum, dass Länder mit großen unerschlossenen Rohstoffreserven unter

Druck vonseiten anderer, weniger reich gesegneter Nachbarn geraten, ihre Ressourcen zu teilen. So beansprucht Ägypten bis heute aufgrund von Vereinbarungen aus der Kolonialzeit Anfang des 20. Jahrhunderts den Großteil des Nilwassers für sich, während flussaufwärts Äthiopien und Uganda dringend selbst das Wasserkraftpotenzial nutzen wollen. Diese Konfrontation prägt die ostafrikanische Geopolitik und könnte auch zukünftige Auseinandersetzungen beispielsweise über die Folgen der Aufteilung des Sudan mitbestimmen.

Politisch weniger brisant, dafür ökonomisch umso gewichtiger ist die Frage der Kontrolle über das enorme Wasserkraftpotenzial des Kongo-Flusses im Herzen des Kontinents. Wenn dieser Fluss nach Tausenden Kilometern trägem und breitem Lauf quer durch das zentralafrikanische Regenwaldbecken mit seinen gewaltigen Wassermengen auf die Berge trifft, die das Kongo-Becken vom Atlantik trennen, und sich dort in einer atemberaubenden Serie von Schluchten und Wasserfällen seine letzten paar hundert Kilometer Weg durch zerklüftete Felsen zum Meer bahnt, verfügt er über eine Wucht und ein Energiepotenzial, das auf der Welt seinesgleichen sucht. Daraus könnte sich theoretisch ganz Afrika mit Elektrizität versorgen. Aber die Kongolesen sind misstrauisch gegenüber dem Ansinnen von Ländern wie Angola und Südafrika, die Kongo-Wasserkraft mit Milliardeninvestitionen auszubauen, um sie dann in den Süden des Kontinents zu exportieren, während Kongo selbst keinen Strom hat.

Südafrika, die leistungsfähigste Volkswirtschaft des Kontinents, ist seit 2005 ein Nettokapitalexporteur in den Rest Afrikas. Nach UN-Angaben kommen 70 Prozent aller innerafrikanischen Kapitalflüsse aus Südafrika, wobei das Land dabei auch Transitstation für außerafrikanisches Kapital beispielsweise aus Indien darstellt. Nach einer Studie des Deutschen Instituts für Entwicklungspolitik[8] hat sich allein im Zeitraum 2003 bis 2007 der Wert des in anderen afrikanischen Ländern investierten südafrikanischen Kapitals vervierfacht, von rund 4 auf über 16 Milliarden Dollar. Größtes Investitionsziel bleibt nach wie vor Mauritius, aber in letzter Zeit schießen auch südafrikanische Investitionen in Nigeria in die Höhe. Im Zeitraum 2005 bis 2008 wurden 28 Prozent aller Firmenaufkäufe in Afrika von Afrikanern selbst getätigt, mit steigender Tendenz.

Die wichtige Rolle Südafrikas als Tor zum Kontinent ist vermutlich auch der Grund dafür, warum es als eines der wenigen Länder der Welt keinen Rückgang von Kapitalzuflüssen aus dem Ausland infolge der globalen Finanzkrise 2008 verzeichnete. Sie verdoppelten sich vielmehr im Gesamtjahr 2008 gegenüber 2007, was dazu beitrug, dass ganz Afrika einen Zuwachs von über 16 Prozent verbuchen konnte. 2009 gingen die Zahlen für ganz Afrika zurück, nicht aber für Südafrika selbst. Auch der innerafrikanische Handel nimmt beständig zu.

Die guten Daten heißen nicht, dass Afrikas Abhängigkeit von außen sich verringert. Sie verändert sich jedoch – sie wird mehr zu einer Verflechtung. Afrika wird zum Akteur der Globalisierung, seine Integration in die Weltwirtschaft ist so gut wie vollzogen. Das bedeutet auch, dass man sich von außen keine Vorschriften mehr machen lassen will. Afrikas Politik hat sich in dieser Hinsicht tiefgreifend verändert seit der Zeit, als Diktatoren vor allem aus ihrem Klientenstatus Profit schlagen konnten und Militär- oder Finanzhilfen für geopolitische Bündnistreue kassierten.

Die zunehmende ökonomische Verflechtung Afrikas ist eine sichtbare Folge der raschen Urbanisierung und der Herausbildung einer äußerst selbstbewussten und zugleich kosmopolitischen afrikanischen Mittelklasse, die nur darauf wartet, die Geschicke ihrer Länder selbst in die Hände zu nehmen. Diese neue, konsumkräftige Schicht kann es in

Afrika zusammengenommen zahlen- und kaufkraftmäßig durchaus mit jener in Indien oder China aufnehmen. Es bildet sich ein afrikanischer Kapitalismus heraus, der den eigenen Kontinent prägt und seine internen Machtverhältnisse nachhaltig verändert, weil zum ersten Mal mächtige afrikanische Geschäftsleute und nicht mehr wie früher bloß Unternehmer aus anderen Kontinenten an afrikanische Regierungen mit Forderungen herantreten, ökonomische Gestaltungsmacht beanspruchen und entsprechende politische Rahmenbedingungen verlangen.

Zum ersten Mal ist in Afrika heute nicht mehr der Staat der Hauptakteur der Modernisierung. Er setzt die Ziele und Rahmenbedingungen und treibt die Menschen an, aber er handelt nicht an ihrer Stelle. Afrikas Modernisierung beruht heute nicht mehr auf einer aufgeblähten, künstlichen Staatswirtschaft, sondern auf der Entstehung einer kapitalkräftigen einheimischen Mittelschicht, die in der Lage ist, auf Augenhöhe mit ausländischen Partnern und Investoren umzugehen, über den Tellerrand der nationalen Grenzen hinauszublicken und als gestaltender Akteur in der Globalisierung mitzuspielen.

Dies ist der entscheidende Unterschied zwischen der afrikanischen Modernisierung des 21. Jahrhunderts und den idealistischen Aufbauplänen der unmittelbaren Nachkolonialzeit. Die neue afrikanische Bourgeoisie entsteht zumeist im engsten Umfeld der Regierenden; sie ist zwar gesellschaftlich und kulturell durchaus innovativ, politisch allerdings eher konventionell, ihr Einfluss ist oftmals vom Machterhalt der Regierungen abhängig. Die daraus entstehende Symbiose zwischen politischen und wirtschaftlichen Interessen einer neuen Elite ist der eigentliche Motor von Afrikas Aufschwung im 21. Jahrhundert und der Garant seiner Dauerhaftigkeit und Stabilität.

Erblast: Der Kolonialismus und sein Schatten

Das neue Afrika, das sein Schicksal selbst gestaltet, ist eine Herausforderung für das klassische Afrikabild sowohl im weißen Ausland als auch auf dem Kontinent selbst. In der klassischen europäischen Sicht des Kolonialismus ist Afrika ein Kontinent ohne Geschichte. Afrika war nichts, bevor die Europäer kamen; es wurde von europäischen Forschern entdeckt, dann unter europäischen Kolonialmächten verteilt und seitdem, bis heute, wartet es auf Erschließung seiner unermesslichen Reichtümer, damit es endlich zu seiner eigentlichen Blüte und Bestimmung finden kann. Die Afrikaner sind dabei keine handelnden Personen ihrer eigenen Geschichte. Sie befinden sich im Dornröschenschlaf und warten, ohne es zu wissen, auf den Kuss des Prinzen oder der Prinzessin. Sie sind Teil der Fauna ihres Kontinents, Sehenswürdigkeiten oder auch Ungeziefer, aber nie Herr über ihr eigenes Schicksal, denn das verstehen sie nicht.

Die klassische Gegensicht des afrikanischen Nationalismus bekämpft dieses Bild des passiven, bewusstseinslosen Afrika und übernimmt es zugleich. In den radikalen Analysen panafrikanischer Denker und Historiker aus den Zeiten der antikolonialen Befreiung war Afrika zum Zeitpunkt der europäischen Eroberung längst zugrunde gerichtet. Früher, ja, da war Afrika stolz und mächtig, aber Jahrhunderte des Sklavenhandels und des Imperialismus haben den Kontinent ausgeblutet, entvölkert, ausgeplündert, seiner besten Elemente beraubt. Nur dadurch war die koloniale Inbesitznahme überhaupt möglich. Die Afrikaner sind auch in dieser Sichtweise keine handelnden Personen ihrer eigenen Geschichte.

Sie sind die Verdammten dieser Erde, die Opfer von Entrechtung, Ausbeutung, Rassismus, Knechtung, Versklavung, Unterdrückung, Völkermord. Sie warten darauf, dass eine erleuchtete Avantgarde, die den Intellekt besitzt, die Unterdrückungsstrukturen des Kolonialismus zu durchschauen und zu verstehen, ihnen den Weg zur Freiheit weist.

Die erste dieser beiden Sichtweisen legitimiert die Kolonialherrschaft, die zweite die postkolonialen Diktaturen. Beide Perspektiven haben gemein: Der Fortschritt kommt von außen. Aus sich selbst heraus hat Afrika demnach nie etwas entwickelt und wird es auch nie tun.

Dies verkennt, dass sich Afrika am Vorabend der kolonialen Landnahme Ende des 19. Jahrhunderts in einem Prozess stürmischer und tiefgreifender Umwälzung befand. Teils angestoßen durch die immer engeren Handelsverflechtungen mit Europa, aber auch verursacht durch innere Wirren und soziale Veränderungen, waren überall auf dem Kontinent neue aufstrebende Staaten im Entstehen, kriegerischer und zentralistischer als zuvor. Im südlichen und östlichen Afrika unmittelbar vor der Kolonialzeit stechen das Zulu-Reich im heutigen Südafrika hervor, die Reiche der Chokwe und Luba im heutigen Kongo und Angola, das Sultanat Sansibar und das verbündete Handelsreich der Nyamwesi im heutigen Tansania, das Königreich Ruanda, die Königreiche Buganda und Bunyoro im heutigen Uganda, das alte äthiopische Kaiserreich. Am Nil herrschte Ägypten. Weiter westlich gab es die mächtigen Fulani-Sultanate der Sahelzone und ihre arabisch orientierten Pendants, die auf den Welthandel orientierten Stadtstaaten der westafrikanischen Küste, vor allem im Niger-Delta, die neuen Binnenreiche wie das Königreich Ashanti im heutigen Ghana.

All dies waren keineswegs traditionalistische Inseln, in denen sich seit Jahrhunderten nichts geändert hätte. Sie waren Reaktionen auf die Veränderung Afrikas, sowohl im inneren sozialen Gefüge der betroffenen Gesellschaften als auch in den Beziehungen zum Rest der Welt. Das europäische Verbot des Sklavenhandels hatte im Laufe des 19. Jahrhunderts bewährte, jahrhundertealte Handelsbeziehungen der west- und zentralafrikanischen Atlantikküste mit Europa und Amerika zerstört; aber das Ergebnis war nicht Abschottung, sondern der Aufbau neuer Exportangebote beispielsweise im Agrarbereich und Bergbau. In Ostafrika war dies die Zeit der Expansion des auf den arabischen und indischen Raum ausgerichteten Handelsreiches von Sansibar. Im südlichen Afrika bewirkte die gewaltsame Landnahme weißer Siedler eine Kettenreaktion sozialer und politischer Neugestaltungen. In Westafrika ersetzten Palmöl und andere agrarische Exportprodukte den Menschenhandel, und es entstand ein einheimischer, auf den Außenhandel gegründeter afrikanischer Kapitalismus, eine Medienlandschaft und ein urbaner intellektueller Diskurs.

Diese vorkolonialen Akteure Afrikas gegen Ende des 19. Jahrhunderts waren Modernisierer, sie durchbrachen althergebrachte ethnische und kulturelle Zusammenhänge und zerstörten sie vielerorts, sie schluckten ihre schwächeren und ärmeren Nachbarn und integrierten isolierte Bevölkerungen teils mit Gewalt, sie trieben Außenhandel mit anderen Kontinenten, unterhielten stehende Armeen. Äthiopiens Kaiser schlug sogar Italien militärisch in die Flucht und wehrte die Kolonisierung ab. Diese afrikanischen Herrscher waren der Zukunft und der Welt zugewandt, nicht der Geschichte und der Tradition. Nur leider wussten die Europäer davon nichts, als sie am grünen Tisch in Europa afrikanische Landkarten studierten und Herrschaftsansprüche absteckten; und wenn sie es erfuhren, respektierten sie es nicht.

Wenn die Akteure dieser afrikanischen Modernisierung in Kontakt mit Europäern kamen, dann keineswegs mit einem Gefühl der eigenen Unterlegenheit – warum auch? Sie empfingen die weißen Gäste als Geschäftspartner, erkannten deren durchaus sichtbare technologische Überlegenheit und ihren Erfindungsreichtum an und begegneten ihnen mit der nötigen und angebrachten Mischung von Ver- und Misstrauen. Dieses schlug naturgemäß in Feindschaft um, wenn die Europäer dann wenig später mit Kanonenbooten wiederkamen und die Unterwerfung per Schriftstück forderten, begleitet von Massakern an der Zivilbevölkerung, gezielter Tötung oder Inhaftierung politischer Führer, Inanspruchnahme der politischen Souveränität und gewaltsamer Durchsetzung des europäischen Monopols auf gewinnbringende Wirtschaftsaktivitäten.

Es ist die große Tragödie der europäisch-afrikanischen Beziehungen, dass Europa der damals, in der zweiten Hälfte des 19. Jahrhunderts, durchaus vorhandenen afrikanischen Aufgeschlossenheit nicht mit einer eigenen Offenheit begegnete. Gezielt und bewusst wurden die bestehenden afrikanischen Strukturen von den europäischen Besatzern zerschlagen, um dann hinterher die Parole auszugeben, Afrika habe ja nichts eigenes und daher müsse der weiße Mann das Licht der Zivilisation ins Dunkel tragen. Die europäische Eroberung und Kolonisierung Afrikas war ein immenser Rückschritt auch im Rahmen der bestehenden euro-afrikanischen Beziehungen, Reaktion eher auf den zunehmenden Nationalismus und Verdrängungswettbewerb in Europa selbst, der den weißen Kontinent im 20. Jahrhundert schließlich in die Katastrophe führen sollte. Aus der Rivalität der europäischen Mächte ergab sich die berühmt-berüchtigte Berliner Afrika-Konferenz 1884/85, die entgegen weitverbreiteten Mythen nicht die kolonialen Grenzen festlegte – dazu wussten die Europäer damals viel zu wenig über Afrikas Geographie –, sondern lediglich Regeln für die spätere koloniale Aufteilung.

Hätten Europas Regierungen damals ihre afrikanischen Partner als ebenbürtige Menschen ernst genommen, dann hätten sie sie selbstverständlich an solchen Verhandlungen beteiligen müssen. Das taten sie nicht. Afrikas Staaten wurden nicht einmal informiert. Sie spürten die Folge der Berliner Konferenz lediglich durch den Beginn gewaltsamer Eroberungsfeldzüge mit dem Ergebnis der gezielten Zerstörung afrikanischer staatlicher Strukturen und der Usurpation von Souveränität durch weiße Europäer.

Europas Kolonialmächte wähnten sich nun den Afrikanern in jeder Hinsicht uneinholbar voraus. Sie sahen Afrika als nach Gutdünken neu zu ordnende Wildnis an und die Bewohner als zu erziehende Wilde. Sie sprachen Afrikanern nicht nur eine erreichte Entwicklung ab, sondern auch die Entwicklungsfähigkeit. Impulse zur Veränderung konnten aus ihrer Sicht nur von außen kommen. Afrika selbst war in europäischen Augen Sinnbild reiner Stagnation.

Häufig kam es natürlich auch vor, dass einzelne Parteien in den komplexen multipolaren, regionalen Konflikten Afrikas die Europäer als taktische Alliierte begrüßten, die ihnen selbst zum Vorteil in den jeweiligen lokalen Machtspielen verhelfen könnten. Allzuoft erwies sich diese Hoffnung als Illusion, aber sie sorgte für Verschiebungen lokaler innerafrikanischer Kräfteverhältnisse und damit für neue Ärgernisse, von Europäern weder wahrgenommen noch verstanden.

Aber niemals, außer vielleicht in einigen Selbstblendungen europäischer Kolonialpropaganda zur Erfreuung der Heimatfront, haben Afrikaner die europäischen Eroberer als ihre natürlichen Herren empfangen und sich ihnen widerstandslos als Untergebene ausgeliefert. Afrika begegnete Europa auf Augenhöhe. Umgekehrt galt das leider nicht. Es war die militärische Stärke Europas, unterfüttert von technologischer Überlegenheit, die den Ausschlag gab, wie afrikanische Zeitgenossen neidlos – oder auch neidvoll – anerkannten. Ein Gefühl inhärenter kultureller Minderwertigkeit war damit nicht verbunden, wohl aber die Überzeugung, dass fürs Erste Afrika den Kürzeren gezogen hatte und von Europa lernen sollte. Diese Überzeugung wurde den Afrikanern notfalls auch eingetrichtert, mit Gewalt und Gehirnwäsche. Am Ende blieb den Afrikanern gar nichts anderes mehr übrig, als das zu akzeptieren. Dass man ab Beginn der Kolonialzeit als Afrikaner europäische Sprachen sprechen, europäische Kleidung tragen und europäische Manieren beherrschen musste, um in der Welt voranzukommen, war ja nicht bloß ein koloniales kulturelles Konstrukt. Es war – und ist bis heute – einfach eine unumstößliche Tatsache des Überlebens in der modernen Welt, über die man im Alltag auch gar nicht mehr weiter nachdenkt.

Der Grundgedanke der antikolonialen Befreier ab Mitte des 20. Jahrhunderts, und das war zugleich genial und beschränkt, war die Überzeugung, dass Afrikaner das, was Europäer können, genauso gut können. Europäisch organisierte Staatswesen regieren, europäische Wirtschafts- und Rechtsnormen anwenden, europäische Bildungs- und Religionssysteme internalisieren, Handel mit europäischen Währungen und Verfahren treiben, europäische Militärdoktrinen und Rüstungssysteme meistern – warum sollten dies nicht auch Afrikaner können? Europa hatte im 19. Jahrhundert Afrikanern die Freiheit genommen und ihnen fremde Systeme übergestülpt. Jetzt würde man sich diese Systeme aneignen und die Europäer überflüssig machen.

Die Entkolonialisierung bedeutete keine Rückkehr Afrikas zu den vorkolonialen Zuständen, sondern eine afrikanische Inbesitznahme der kolonialen Strukturen. Dies war keinesfalls unumstritten. Zum Zeitpunkt der antikolonialen Kämpfe war die Erinnerung an Afrika vor der Eroberung durchaus noch lebendig, wenngleich eher in Erzählungen als in persönlichen Erfahrungen. Europas Eroberung Afrikas lag in den 1950er Jahren etwa so lange zurück wie heute in Europa der Zweite Weltkrieg und der Holocaust. Es war für Afrika Zeitgeschichte, keine verstaubte Vergangenheit. Aber genauso wenig wie jemand in Europa heute ernsthaft zurück in die 1930er Jahre will, so wenig hielt Afrikas Elite vor 50 bis 60 Jahren die Wiedererrichtung der versunkenen, vorkolonialen Reiche für eine ernsthafte Option. Das hätte ja bedeutet, nicht nur die fremden Herren hinauszuwerfen, sondern auch alles, was sie in Afrika aufgebaut hatten: die Städte, die Eisenbahnen, die Bergwerke, die Kirchen, die Währungen, die Schulen, die Firmen, die Gerichte, die Bürokratien, die Sprachen, die Kultur. Afrika wollte das alles nicht abschütteln, sondern behalten und übernehmen. Man war gegen die Kolonialherrschaft, weil die Weißen die Schwarzen von ihren Errungenschaften ausschlossen, nicht weil man diese Errungenschaften ablehnte.

Die wichtigste Utopie der Befreier war ein Ende des allgegenwärtigen Rassismus, der alltäglichen Erniedrigung, der systematischen Benachteiligung, des anerzogenen Minderwertigkeitsgefühls, der weißen Arroganz und Ausschließlichkeit. Man muss diese permanente Schmach durchlebt haben, um sie in all ihren Dimensionen zu verstehen; heute kann man sich das selbst in Afrika gar nicht mehr richtig vorstellen, außer mittels einiger Überlieferungen aus der Apartheid oder als Subtext zur Bitterkeit Robert Mugabes. Aber damals, als Afrika frei wurde, war das Wichtigste einfach dies: erhobenen Hauptes dastehen zu können, wenn die Flagge gehisst wurde, und zwar eine eigene Flagge, nicht mehr die der Besatzer.

Zumeist folgte darauf allerdings lediglich ein schwacher, krisenanfälliger Abklatsch der kolonialen Vorgängersysteme. Die meisten nachkolonialen Staaten überlebten ihre Gründer und Führer nicht. Weil die Unabhängigkeit an bestimmte

Personen übergeben wurde, nicht an Institutionen, waren die neuen Systeme personalisiert, nicht institutionalisiert, und damit war ihre Praxis das Gegenteil ihres eigenen Anspruchs. Daraus ergab sich entweder eine langanhaltende Diktatur oder eine rasche Abfolge von Machtwechseln mit der Folge dauerhafter Instabilität. Nicht der Volkswille, sondern die Biographie des Herrschers war entscheidend. Noch heute ist es beispielsweise so, dass Robert Mugabe sein Recht auf Herrschaft daraus ableitet, dass er Simbabwe befreit hat; freie Wahlen dürfen dies höchstens bestätigen. Was heute im Falle Simbabwe, das seine Unabhängigkeit mit 20 Jahren Verspätung erhielt, als Kuriosität erscheint, war in den ersten Jahrzehnten des postkolonialen Afrika in den meisten Staaten Normalität. Auch dies zeigt, welche riesigen Forschritte Afrikas politische Kultur inzwischen gemacht hat.

Obwohl die postkoloniale Ordnung von innen hohl war, hatte Afrika damals eine blendende Zeit. Viele Länder erlebten in den 1960er und 1970er Jahren Wachstumsraten von jährlich zehn Prozent und dachten, sie hätten den Schlüssel zum Paradies gefunden. Zaire, Gabun und Kamerun wetteiferten miteinander um den Weltrekord im Pro-Kopf-Champagnerverbrauch. Die Bindungen zum alten kolonialen Mutterland blieben überall eng; es war einfacher, von jedem beliebigen Land Afrikas nach Europa zu fliegen als zum afrikanischen Nachbarn. Im Luxushotel Ivoire von Abidjan, wo man sich nicht nur auf der einzigen Eiskunstlaufhalle Afrikas südlich der Sahara vergnügen konnte, sondern auch die druckfrische französische Tagespresse direkt vom Flugzeug geliefert bekam, konnte sich die Elite der Elfenbeinküste wahrlich der von Paris ebenbürtig fühlen. Politischen Pluralismus und offene Diskussion brauchte man im eigenen Land nicht, das gab es ja im »Mutterland«, ein paar Flugstunden entfernt. Nigerias Diktatoren und Gewaltherrscher studierten alle im liberalen England und brachten dort ihre Familien und Vermögen unter, um dann zu Hause die Schwachen zu unterdrücken. Mobutu Sese Seko in Zaire, Idi Amin in Uganda, Jean-Bedel Bokassa in der Zentralafrikanischen Republik predigten jeweils eine originelle Art von Rückkehr zu vermeintlich authentischen, in Wahrheit grotesk karikaturalen und peinlich plumpen Formen einer »afrikanischen«, ganz auf den »big man« zentrierten politischen Kultur, die sich in einer pubertären Mischung von Ablehnung und Übertrumpfung an der Kolonialmacht abarbeitete, während das eigene Volk darbte.

Eine Gemeinsamkeit all dieser Staatswesen mit ihren kolonialen Vorgängern war die absolute Missachtung der Rechte des Einzelnen. Ebenso wie in der Kolonialzeit die staatlichen Strukturen vor allem dazu dienten, die möglichst effiziente Ausblutung zu organisieren, waren die postkolonialen Eliten vor allem auf den eigenen Vorteil bedacht. Sie sahen sich ja auch als Avantgarde, die stellvertretend für das Volk gelitten hatte und daher nun ebenso stellvertretend für das Volk Macht und Reichtum genießen durfte. Trennung zwischen privaten Geschäften und staatlichen Hoheitsakten war rudimentär oder nicht existent. Zaires Auslandsschuld wuchs im Rhythmus des Privatvermögens von Diktator Mobutu Sese Seko. Nigerias Militärherrscher stahlen Öleinnahmen, die zur Deckung sämtlicher Grundbedürfnisse ihrer Bevölkerung mehrfach ausgereicht hätten. Korrupte Eliten, die als einzige in ihren Gesellschaften über Reisepässe, Auslandskonten und Telefonanschlüsse verfügten, betrachteten die Exporteinnahmen ihrer Länder als ihr Privateigentum. Für diese Eliten war die Masse der Bevölkerung nach Belieben auszubeuten, und sie war höchstens lästig, wenn sie sich wehrte.

Das Ende dieser Jahrzehnte von Arroganz und Ignoranz kam schleichend und unaufhaltsam, auf biologischem Wege, so wie alle sozialen Umwälzungen in Afrika. Die Herren wurden alt, die Jungen hatten andere Ideen. Die junge Generation der 1980er Jahre, aufgewachsen im Schatten der postkolonialen Diktatoren, sonnte sich nicht mehr im antikolonialen Minderwertigkeitskomplex, der ihre Väter dazu verführt hatte, teuren Limousinen, Champagner und anderen Manifestationen des europäischen Glamour nachzulaufen, nur um sich zu beweisen, dass man es genauso gut könnte wie die Weißen. Sie traten nicht mehr mit einer Mischung von Ehrfurcht und Neid vor den Pariser Triumphbogen und den Londoner Königspalast, sie ließen sich nicht mehr beeindrucken von *Gloire, Pomp and Circumstance* und blankgeputzten Waffenarsenalen.

In dem Maße, in dem in Afrika die Erinnerung an koloniale Erniedrigung verblasste, schwand die Loyalität der Völker gegenüber ihren Diktatoren, deren Legitimität einzig auf der Vergangenheit des antikolonialen Widerstandes basierte, nicht auf irgendwelchen Leistungen der Gegenwart. Zugleich verloren die alternden Autokraten mit dem Ende des Kalten Krieges ihren geopolitischen Nutzen als Bauernfiguren der Großmächte auf dem Schachbrett der globalen Systemkonfrontation zwischen Ost und West. Die Außenwelt brauchte sie nicht mehr, die eigene Bevölkerung wollte sie nicht mehr. Ihre Tage waren gezählt.

In den 1990er Jahren fielen die Einparteienregime wie Kartenhäuser in sich zusammen. Eine Welle von Demokratisierungsrevolten, getragen von Bürgern mit der Forderung nach politischer Mitsprache, erschütterte die postkolonialen Staatswesen und zwang etablierte Militärdiktatoren reihenweise zur Häutung. So manche von ihnen endeten im Gefängnis, im Exil oder im Grab.

Es war eine instabile Zeit, die Afrika in die tiefste Krise seit der Kolonialzeit stürzte. Die alten Systeme verflüchtigten sich, etwas Neues wurde aber kaum geboren. Nicht alle Länder hielten dem Versuch stand, sich aus den Kostümen kolonialer Vergangenheit zu lösen und funktionierende politische Organisationsformen für die Realität afrikanischer Gesellschaften zu gründen. Manche überlebten es nicht. Ganz Zentralafrika endete in dieser Zeit als Schutthaufen zerstörter Staaten. Westafrika rings um Liberia versank im Krieg. Somalia am anderen Ende Afrikas verlor seine Staatlichkeit auf Dauer. Hätten sich diese Brandherde vereint, wäre daraus möglicherweise ein gesamtafrikanischer Umsturz der etablierten postkolonialen Gewaltordnung entstanden. Das hätte den gesamten Kontinent in eine beispiellose Zeit der Wirren verfrachtet, die wohl nur wenige afrikanische Staaten in ihrer bisherigen Form überstanden hätten.

Aufgehalten wurde diese Gefahr, als Afrika Mitte der 1990er Jahre am Rande des Abgrunds zu stehen schien, durch die gelungene Metamorphose vieler Autokraten. Aus Angst davor, hinweggefegt zu werden, fügten sie rechtzeitig die formalen Kriterien von Rechtsstaatlichkeit und Pluralismus zu ihren politischen Systemen hinzu. Damit retteten sie ihre Staaten und ihre Macht über die Zeit. Dass in den meisten Fällen das Machtverständnis der alten Eliten dabei unverändert blieb, erschien da zumindest gegenüber der Außenwelt als das kleinere Übel im Vergleich zu immer neuen Bürgerkriegen und Massenmorden. Aber allein durch das Ende des verordneten Denkens und durch die Zulassung von Meinungsfreiheit und Pluralismus sah und sieht sich bis heute die Legitimität aller bestehenden Staaten ganz grundlegend und unwiederbringlich infrage gestellt.

Die Generation der Staatsgründer, die ihre Länder als erste und bisher einzige regieren und die ihre Machtfülle selbst definieren, ist tot – bis auf zwei bezeichnende Ausnahmen der verspäteten Entkolonialisierung: Robert Mugabe in Zimbabwe und Isaias Afeworki in Eritrea, die heute beide als zwei der schlimmsten Gewaltherrscher des Kontinents gelten, als Dinosaurier. Aber die Ära der »big men« in Afrika gehört heute der Vergangenheit an, auch wenn so mancher Präsident das nicht gemerkt zu haben scheint. Afrikas zweite Befreiung ist im Entstehen: eine Befreiung von den Befreiern und von ihrer Fixierung auf den althergebrachten Widerpart des Kolonisatoren, eine Rückbesinnung auf Afrika selbst, seinen Erfindungsreichtum und seine gesellschaftliche Kraft.

Revolution: Afrikas zweite Befreiung

Die Geburtsstunde des neuen Afrika kann auf den 11. April 1979 datiert werden. An diesem Tag, vier Tage vor Ostern, marschierte Tansanias Armee in Ugandas Hauptstadt Kampala ein, gemeinsam mit ugandischen Guerillatruppen, und stürzte die Diktatur von General Idi Amin Dada. Es war die erste erfolgreiche Militärintervention eines postkolonialen afrikanischen Staates in einem Nachbarland zum Sturz eines Tyrannen, und sie erschütterte die Gewissheiten Afrikas.

»Der faschistische Diktator ist am Ende«, riefen die tansanischen Soldaten durch Lautsprecher, als ihre Militärkolonne, angeführt von drei T-54-Panzern, durch die Straßen der Stadt rollte. Jubelnde Ugander überschütteten die Befreier mit Blumen und Palmwedeln, während der gefallene Gewaltherrscher Richtung Kenia floh und sich schließlich von seinem libyschen Freund Muammar al-Gaddafi evakuieren ließ.

Bisher war die Devise der afrikanischen Nachkolonialordnung gewesen: Keiner mischt sich in fremde Angelegenheiten ein, jeder afrikanische Staat ist souverän, egal was er veranstaltet. Mit seiner militärischen Aktion zur Befreiung Ugandas, die im Februar 1979 nach einem ugandischen Einmarsch in Tansania begonnen hatte, setzte Tansanias Präsident Julius Nyerere, einer der ganz großen Befreiungshelden Afrikas aus der Zeit der Entkolonialisierung, ein neues Prinzip auf die afrikanische Tagesordnung: Nicht jeder Zustand eines afrikanischen Landes ist hinnehmbar. Wir kümmern uns umeinander. Wenn beim Nachbarn die Hütte brennt, löschen wir das Feuer gemeinsam. Damit legte Nyerere den

Grundstein für das Fundament eines neuen afrikanischen Politikverständnisses.

Idi Amin hatte in den acht Jahren seiner Herrschaft in Uganda von 1971 bis 1979 das einst reichste Land Ostafrikas in Chaos und Elend gestürzt, er hatte vermutlich Hunderttausende Tote zu verantworten und destabilisierte am Schluss die gesamte Region, zuletzt mit einem Versuch, die Grenze zu Tansania zu Ugandas Gunsten zu verschieben. Tansanias militärische Antwort, auf die Idi Amin mangels einer funktionierenden eigenen Armee lediglich mit dem Aufgebot eines von Gaddafi aus Libyen entsandten Expeditionskorps reagieren konnte, war eine Reaktion nicht nur auf diese militärische Herausforderung, sondern auch auf die Appelle ugandischer Dissidenten und Untergrundkämpfer.

Dass ein afrikanisches Land in einem anderen mit Waffengewalt einen Regimewechsel vollzog, war für Afrika neu und revolutionär. Und es sollte der Ausgangspunkt einer Kette von Revolutionen und Umstürzen werden, die seither halb Afrika erschüttert haben.

Der erste Akt dazu vollzog sich zunächst weiter in Uganda. Unter den ugandischen Mitstreitern der Tansanier war 1979 auch ein gewisser Yoweri Museveni, ein ugandischer Exilant in Tansania und Gründer der winzigen Exilbewegung Fronasa (Nationale Rettungsfront). Museveni hatte sich während seines Studiums in Tansania Ende der 1960er Jahre den panafrikanischen Revolutions- und Befreiungszirkeln angeschlossen, die unter der wohlwollenden Duldung Julius Nyereres in Daressalam von der Freiheit träumten: von der Befreiung des südlichen Afrika von weißer Minderheitsherrschaft, von der sozialistischen Revolution im Rest des Kontinents, deren Elan wenige Jahre zuvor durch die Ermordung Patrice Lumumbas und brutale Söldnereinsätze im großen benachbarten Kongo vereitelt worden war. Zu ihnen gehörten die Guerillaführer von Mosambik und Angola, Rhodesien und Südafrika, aber auch Radikale aus Sudan und Äthiopien und anderen Ländern.

Als Vorsitzender der USARF (Afrikanische Revolutionäre Front der Universitätsstudenten) in Daressalam knüpfte Museveni zahlreiche Kontakte. Im Jahr 1968 besuchte er die »befreiten Gebiete« im benachbarten Mosambik, wo die Frelimo-Guerilla gegen das portugiesische Kolonialregime kämpfte – diese Reise wählte er, »statt nach Europa zu fahren, um internationalen Studentenkonferenzen beizuwohnen, auf denen man manchmal von ausländischen Geheimdiensten angeworben wurde«, wie er in seiner Autobiographie schreibt.[9] Museveni lernte Buschkrieg statt Revolutionsrhetorik. Zwar arbeitete er später kurz für Ugandas Regierung, aber als diese 1971 von Oberst Idi Amin gestürzt wurde, ging er nach Tansania zurück und organisierte den Untergrund, wobei ihm die mosambikanische Frelimo unter die Arme griff, nachdem sie 1975 in ihrer Heimat den Krieg gewonnen hatte.

Nach Idi Amins Sturz und der Befreiung Ugandas 1979 wurde Museveni Ugandas Verteidigungsminister, brach aber mit der neuen Regierung, als diese 1980 die ersten freien Wahlen fälschte, und ging zurück in den Busch. Ein neuer Bürgerkrieg brach aus. Als Führer der Rebellenkoalition »Nationale Widerstandsarmee« (NRA) eroberte Museveni die ugandische Hauptstadt Kampala keine sieben Jahre nach der Einnahme durch Tansania erneut, am 26. Januar 1986.

Museveni übernahm die Kontrolle über ein zerfallenes, verelendetes Uganda, das in wenigen Jahren Hunderttausende Bürgerkriegstote zu beklagen gehabt hatte. Er wurde Präsident in einer Stunde Null seines Landes und nahm alsbald die Rolle des Tansaniers Nyerere als Pate von Befreiungsbewegungen in der Region ein, für den Kampf in Ruanda, Südsudan, Zaire. Sie alle haben ihre Kriege mittlerweile gewonnen. Aus Daressalam und Kampala heraus wurde Afrika verändert.

Der NRA-Einmarsch in Kampala war auch für sich selbst genommen historisch. Musevenis Guerilla agierte außerhalb der bekannten und mörderischen Ost-West-Konstellation afrikanischer Stellvertreterkriege, deren Parteien sich von Washington, Paris, Moskau oder Peking aufrüsten, instrumentalisieren und gegeneinander an die Front schicken ließen, unter Missachtung der Interessen jener Bevölkerungen, die sie zu vertreten vorgaben. Die neue Losung war der Volkskrieg, der sich auf die Menschen im eigenen Land stützte statt auf ausländische Mächte und fremde Interessen, und dessen Ziel nicht einfach die Eroberung der Macht war, sondern die Überwindung der postkolonialen Staatsordnung und der neokolonialen Wirtschaftsordnung zugunsten von »Strukturen, die die Massen selbst im Laufe des Kampfes aufbauen, im Einklang mit ihren Interessen und den Erfordernissen der Zeit«, wie es einer der NRA-Vordenker in der blumigen politischen Rhetorik jener Zeit ausdrückte.[10] Vielleicht genau aus diesem Grund war der Krieg von Musevenis NRA der erste erfolgreiche Guerillakrieg zum Sturz einer afrikanischen Regierung ohne Zutun von außerhalb des Kontinents in der postkolonialen Geschichte Afrikas, und er hat zahlreiche Nachahmer gefunden, die heute die Geschicke Afrikas bestimmen.

Die beiden Eroberungen Kampalas in 1979 und 1986 bargen zusammengenommen für Afrika eine erhebliche Sprengkraft. Sie bewiesen: Zurückgeworfen auf die eigene Kraft, befreit von den Referenzen an außerafrikanische geopolitische Konflikte und an die Kämpfe gegen koloniale Fremdherrschaft, gewinnen Afrikas politische Akteure ungeahnte Spielräume zur Umgestaltung ihrer Länder. Damit erst kann der Aufbau von Staatswesen und Volkswirtschaften beginnen, die auf eigenen Füßen stehen, frei von der Abhängigkeit von importierten Modellen: Afrikas »zweite Unabhängigkeit«.

Dieses Denken durchzieht auch alle anderen Befreiungsbewegungen des östlichen und südlichen Afrika, die im weiteren Umfeld Nyereres Schutz fanden und sich entfalten konnten. Nyerere stand 1962 zusammen mit dem anderen großen afrikanischen Unabhängigkeitshelden jener Zeit, Kwame Nkrumah aus Ghana, Pate bei der Gründung von Mosambiks später erfolgreicher Befreiungsbewegung Frelimo. Die versprengten Anhänger des ermordeten kongolesischen Befreiungshelden Patrice Lumumba, die in den späten 1960er Jahren am Tanganyika-See an der Grenze zwischen Kongo und Tansania unter Führung eines gewissen Laurent-Désiré Kabila weiterkämpften, erhielten ebenfalls Nachschub aus Daressalam. Und Julius Nyereres engster Verbündeter im südlichen Afrika war Kenneth Kaunda, Präsident des Nachbarlandes Sambia. In Sambias Hauptstadt Lusaka fand Südafrikas Befreiungsbewegung ANC (Afrikanischer Nationalkongress) von Nelson Mandela Zuflucht, während Tansania den kleineren, radikaleren PAC (Panafrikanistischer Kongress) beherbergte. Zum Symbol der Verbundenheit der »Frontstaaten« gegen die Apartheid wurde die von der Volksrepublik China in den 1960er Jahren gebaute Eisenbahnlinie, die Sambias Kupfergürtel mit Tansanias Ozeanküste verband.

Den wichtigsten Impuls für den Durchbruch der Befreiungsbewegungen im südlichen Afrika brachte die portugiesische Nelkenrevolution 1974, in deren Folge Portugals Kolonialreich zerfiel. Die Befreiungsarmeen MPLA (Angola) und Frelimo (Mosambik) führten ihre Länder 1975 in die Unabhängigkeit. Damit waren auch in Rhodesien und Südwestafrika die weißen Siedlerregime, die beide einen äußerst brutalen Krieg gegen eigene schwarze Guerillabewegungen führten, nicht mehr zu halten. Die Befreiungsbewegungen im späteren Simbabwe übernahmen 1980 die Macht unter Robert Mugabe, woraufhin auch Südafrika, die letzte Bastion weißer Minderheitsherrschaft, auf sich selbst zurückgeworfen war.

Zunächst führte das immer aggressivere Apartheid-Südafrika in Angola und Mosambik Krieg gegen die dortigen MPLA- und Frelimo-Regierungen, offiziell in Unterstützung der Rebellenarmeen Unita und Renamo. Aber je weiter sich die Spannungen in Südafrikas Townships ab Mitte der 1980er Jahre zuspitzten, desto mehr geriet die Apartheid in die Defensive. 1989/90 räumte Südafrika das besetzte ehemalige Deutsch-Südwestafrika, das als Namibia unabhängig wurde. Und am 11. Februar 1990 – auf den Tag genau 21 Jahre nach dem Beginn von Tansanias Einmarsch in Uganda zum Sturz Idi Amins – setzte mit der Freilassung Nelson Mandelas aus der Haft der Anfang vom Ende der südafrikanischen Apartheid ein und damit die Vollendung der Befreiung Afrikas von Rassentrennung und kolonialer Fremdherrschaft. Sie fand ihren Höhepunkt und ihren Triumph in der Amtseinführung Nelson Mandelas als Präsident eines freien Südafrika am 8. Mai 1994.

Ohne die vielen persönlichen, politischen und militärischen Verknüpfungen zwischen den verschiedenen bewaffneten Kräften, die an diesen Ereignissen beteiligt waren, wäre all dies nicht geglückt und ist die Dynamik des Afrika der Gegenwart nicht zu verstehen. Anders als die ersten postkolonialen Regime in West- und Zentralafrika in den 1960er Jahren, die zumeist ihre Staaten fertig zubereitet auf dem Silbertablett serviert bekommen hatten, errangen diese Regierungen die Macht mit den Gewehrläufen und mussten die Staaten danach selbst aufbauen. Sie taten dies mit gegenseitiger Hilfe. Und mit dem Ende der Apartheid in Südafrika 1994 war dieser Prozess noch nicht vorbei. Er fand seine Entsprechung und Fortsetzung im östlichen und zentralen Afrika, im direkten Einflussgebiet der NRA-Regierung Ugandas unter Yoweri Museveni.

Zu Musevenis Mitstreitern beim Buschkrieg in Uganda 1981–1986 gehörten auch Untergrundkämpfer aus Ruanda.

Es waren Angehörige der Tutsi-Minderheit, die bei der Auflösung der ruandischen Monarchie 1959 und der Unabhängigkeit der Republik Ruanda 1962 von den neuen Hutu-Machthabern verjagt worden und nach Uganda geflohen waren. Sie schlossen sich in den 1980er Jahren der Museveni-Guerilla an. Zu den allerersten Kämpfern der NRA, als diese 1981 ihren Krieg begann, gehörten die Exilruander Fred Rwigyema, ein alter Freund Musevenis, und Paul Kagame, heute Präsident Ruandas.

Nach seinem Sieg machte Museveni Rwigyema zum stellvertretenden Armeechef Ugandas. Auf einem Kongress in Kampala gründeten die ruandischen Exilführer in Uganda Ende 1987 die »Ruandische Patriotische Front« (RPF), deren militärischer Flügel »Ruandische Patriotische Armee« (RPA) aus ruandischstämmigen Soldaten innerhalb der ugandischen NRA-Armee bestand. Nachdem infolge innenpolitischer Streitereien in Uganda die ruandischen Flüchtlinge wesentliche Landbesitzrechte verloren, verließen diese Soldaten in der Nacht zum 1. Oktober 1990 ihre Kasernen in Uganda und rückten über die Grenze in Ruanda ein, unter Rwigyemas Kommando. Bereits am nächsten Tag wurde Rwigyema bei Kämpfen erschossen, und Paul Kagame trat seine Nachfolge an.

Kagame und die RPF erkämpften sich in Ruanda bald einen Platz am Verhandlungstisch. Gespräche im tansanischen Arusha, mit Nyerere als Schirmherr, mündeten im August 1993 in einen Friedensvertrag, der die Rückkehr der vertriebenen Tutsi nach Ruanda, die Eingliederung der RPF in Armee und Regierung Ruandas und eine Demokratisierung vorsah. Umgesetzt wurde dieses Abkommen nie, denn es folgte eine in Afrika beispiellose Aufhetzung der ruandischen Hutu-Bevölkerungsmehrheit gegen die Möglichkeit einer Rückkehr der vertriebenen Tutsi. Mit französischer Hilfe wurde die ruandische Armee aufgerüstet und Hutu-

Milizen wurden zum Kampf gegen die Tutsi gebildet. Als im benachbarten Burundi im Oktober 1993 der erste frei gewählte Hutu-Präsident, Melchior Ndadaye, nach nur vier Monaten an der Macht von Tutsi-Soldaten getötet wurde, radikalisierte sich auch unter Ruandas Hutu die Stimmung. Der ruandische Präsident Juvénal Habyarimana geriet unter Druck, das Abkommen von Arusha nicht umzusetzen, und beschleunigte die Mobilisierung der Hutu-Zivilbevölkerung gegen die Tutsi.

Am Abend des 6. April 1994 wurde nahe des Flughafens der ruandischen Hauptstadt Kigali ein Flugzeug mit den Präsidenten Ruandas und Burundis abgeschossen, radikale Militärs übernahmen in Kigali die Macht, und das gezielte Abschlachten sämtlicher Tutsi Ruandas begann. Wohl über 800 000 Menschen starben, bis die von Kagame geführte RPF am 4. Juli 1994 schließlich Kigali eroberte und das Völkermordregime samt zahlreichen Hutu-Zivilisten die Flucht ergriff – erst in den Westen Ruandas, dann über die Grenze in das damalige Zaire (heute die Demokratische Republik Kongo), immer unter französischem Militärschutz.

Kagame übernahm im Juli 1994 ein verwüstetes, ausgeblutetes Ruanda, so wie Museveni 1986 ein verwüstetes, ausgeblutetes Uganda vorgefunden hatte. Die alten postkolonialen Staatswesen, von ihren eigenen Tyrannen zerstört, wichen neuen, straff geführten militärischen Ordnungen, die eine neue Gesellschaft auf den Ruinen der alten aufbauen wollten und dafür auf panafrikanische Solidarität setzten.

Doch niemand, auch kein afrikanisches Land, half den Tutsi in Ruanda in der Stunde der Not. Ruandas Völkermordmilizen wüteten ausgerechnet zu dem Zeitpunkt am schlimmsten, als Nelson Mandela Präsident eines freien Südafrika wurde. Die Befreiung Afrikas von Fremdherrschaft wurde also vollendet genau in jenem Moment, in dem eines der schlimmsten Menschheitsverbrechen in der Geschichte des Kontinents seinen Höhepunkt erreichte. Der Triumph des ANC in Südafrika begeisterte Afrika und stellte den Genozid in Ruanda in den Schatten, ohne dass irgendjemand eingriff. Kagames RPF befreite Ruanda schließlich allein – genau wie der ANC durch sein eigenes Verhandlungsgeschick, insbesondere das Mandelas, den friedlichen Übergang zur Demokratie in Südafrika vollbrachte und nicht etwa durch militärische Unterstützung seiner afrikanischen Freunde.

Der Sommer 1994, mit den beiden entscheidenden Überwindungen von Apartheid und Genozid in Südafrika und Ruanda, kann daher als die zweite, entscheidende Gründungsstunde des neuen Afrika begriffen werden, das den Kontinent seitdem umkrempelt. Anders als 1979 triumphierte 1994 allerdings nicht die panafrikanische Solidarität, sondern die im Widerstand gestählte Geduld und das Beharrungsvermögen verfolgter Befreiungsbewegungen. ANC und RPF verdankten es zwar der panafrikanischen Solidarität, dass sie überhaupt in eine Position der Stärke gelangt waren; doch die entscheidenden Schritte zum Sieg taten sie am Ende ohne fremde Hilfe, ohne fremde Modelle, nach eigenen Rezepten und aus eigener Kraft. Dies wirft einen Schatten auf das Bild eines geeinten Afrika, das gemeinsam für seine Freiheit kämpft, welches in früheren Jahrzehnten noch sehr real gewesen war. Die weiteren Schritte in der Umwälzung Afrikas und seiner »zweiten Befreiung« sind daher voller Ambivalenz.

Zunächst einmal ergab sich für ANC und RPF eine politische Interessengleichheit, die sie auch mit anderen teilten: die Beseitigung jenes Herdes der regionalen Destabilisierung, den Mobutus Zaire darstellte. Das riesige Land im Herzen Afrikas wurde unter der Willkürherrschaft Mobutus, der sich 1971 an die Macht geputscht hatte und in den 1980er und 1990er Jahren Zaire immer weiter herunterwirtschaftete, zum rechtsfreien Raum. Nicht nur versank die zairische Bevölkerung immer tiefer im Elend, sondern es fanden auf zairischem Staatsgebiet auch die Völkermordtäter aus Ruanda Zuflucht, die Unita-Rebellen aus Angola sowie Waffen- und Rohstoffschmuggler aus dem halben Kontinent. Mobutus einmaliges Konstrukt einer Diktatur inmitten faktischer Staatenlosigkeit war die dekadente Krönung im Niedergang des alten, korrupten Afrika.

Der Sturz Mobutus 1996/1997 durch eine von zahlreichen afrikanischen Ländern aktiv unterstützte Rebellenarmee, die von Ost nach West quer durch das riesige Land fegte, war das lichte Gegenstück zu diesem finsteren Tiefpunkt der Dekadenz, ein herausragender und einmaliger Ausdruck bewaffneter panafrikanischer Solidarität im Stil der 1970er Jahre. Vertriebene zairische Tutsi, die sich der RPF in Ruanda angeschlossen hatten, kehrten als Speerspitze einer Rebellenarmee namens AFDL (Allianz Demokratischer Kräfte zur Befreiung von Kongo/Ex-Zaire) in ihre Heimat zurück und nahmen im September 1996 im Osten des Landes den Kampf auf, angeleitet von den Armeen Ruandas und Ugandas. Angolas MPLA-Armee schickte ihrerseits kampferprobte zairische Exilanten aus Katanga und versetzte im April 1997 den auf Mobutus Seite kämpfenden Unita-Einheiten im Westen Zaires den militärischen Todesstoß. Tansania war in bewährter Manier Gast- und Transitland für alte Oppositionelle und Exilzairer, die sich der Rebellion anschlossen, allen voran AFDL-Führer Laurent-Désiré Kabila. Simbabwes Rüstungsindustrie lieferte Kabila die militärische Ausstattung. Südafrikas Diplomatie lieferte die politische Begleitmusik, die am Verhandlungstisch jeden Verbleib Mobutus im Amt vereitelte.

Am 17. Mai 1997 marschierten Kabilas AFDL-Rebellen samt den sie begleitenden ruandischen Einheiten triumphal in Zaires Hauptstadt Kinshasa ein, die vom Mobutu-Regime zuvor in Panik geräumt worden war. Jubelnde Zairer, ab jetzt dank der Rückbenennung des Landes in Demokratische Republik Kongo Kongolesen, säumten die Straßen, feierten die erschöpft einrückenden Kindersoldaten der Rebellen als Heilsbringer. Es war das Pfingstwochenende 1997, ein kurioser, emotionaler Anklang an den Sturz Idi Amins in Uganda durch Tansania zu Ostern 1979, 18 Jahre zuvor. Der Kreis hatte sich geschlossen, von Kampala 1979 bis Kinshasa 1997. Der panafrikanische Interventionsgedanke als Instrument zur Umwälzung der afrikanischen Staatenordnung hatte sein Werk vollbracht.

Aber das Afrika von 1997 war nicht mehr das von 1979, die Interessen einzelnen Länder waren zu unterschiedlich, und die afrikanischen Befreier Kongo-Zaires zerstritten sich rasch. Kabilas AFDL zerfiel, ihre Bestandteile teilten das Land ab 1998 unter sich auf und für die nächsten fünf Jahre führten Ruanda, Uganda, Simbabwe, Angola und zeitweise sogar Namibia und Tschad auf kongolesischem Boden gegeneinander einen der mörderischsten Kriege der neueren Geschichte Afrikas, mit kongolesischen Bürgerkriegsarmeen als lokale Alliierte. Kongo verwandelte sich vom Symbol der afrikanischen Einheit zum afrikanischen Schlachtfeld. Das ändert an der historischen Leistung des Sturzes von Mobutu nichts, nimmt ihm aber die historische Tragweite. Der Kongokrieg bis 2003 war ein Erbfolgekrieg, der auch die persönlichen Schwächen und die dunklen militaristischen Seiten der beteiligten afrikanischen Befreiungsregime offenbarte. Und seit seinem Ende durch Einsetzung einer Allparteienregierung im Sommer 2003 hält sich Präsident Joseph Kabila, Sohn des 2001 ermordeten Laurent-Désiré Kabila, vor allem dadurch an der Macht, dass er den zerstörten Staat früherer Zeiten zu restaurieren versucht. Nicht Demokratie und Erneuerung, sondern ein neuer rückwärtsgewandter Autoritarismus steht auf der kongolesischen Tagesordnung, trotz

Wahlen im Juli und Oktober 2006 und trotz der massiven Präsenz von UN-Blauhelmsoldaten.

Ähnlich zwiespältig bleibt das Erbe jener Rebellen, die 1991 erst in Somalia und dann in Äthiopien die sozialistisch ausgerichteten Militärdiktaturen von Siad Barre und Mengistu Haile Mariam stürzten. Eigentlich ahmten sie nach, was Museveni zuvor in Uganda geschafft hatte. Der Einmarsch zerlumpter Bauernrebellen, bewaffnete Vertreter ausgebluteter und unterdrückter Landbevölkerungen in einer der unwirtlichsten Regionen Afrikas in die Hauptstädte Mogadischu und Addis Abeba war umso erschütternder, als damit zwei relativ gefestigte Staatswesen hinweggefegt wurden. Äthiopien war ein altes, stolzes Kaiserreich mit mehrtausendjähriger Geschichte, dessen Tradition von den 1974 an die Macht gelangten marxistischen Umstürzlern um Mengistu Haile Mariam faktisch weitergeführt worden war; nun kamen erstmals die Landvölker an die Macht anstelle der historisch dominanten Amharen-Elite. In Somalia ging mit der Herrschaft Siad Barres die Fiktion eines geeinten, zentralistischen und modernisierenden Staatswesens zu Ende. In beiden Ländern hatte der Guerillakrieg gegen zwei nacheinander von Sowjetunion und USA aufgerüsteten Diktatoren um einiges länger gedauert und hatte sehr viel mehr Opfer gefordert als in Uganda.

In Somalia schafften es die Umstürzler allerdings nicht, ein neues stabiles Staatswesen an die Stelle der alten Diktatur zu setzen. Sie zerstritten sich, der Staat Somalia zerfiel und hat bis heute nicht wieder zusammengefunden. In Äthiopien organisierten die siegreichen Befreier unter US-Anleitung eine politische Neuordnung, in deren Folge auch das äthiopisch besetzte Eritrea zur Unabhängigkeit fand. Aber Eritrea wurde daraufhin eine straffe, abgeschottete Diktatur, und auch in Äthiopien fehlt der Regierung von Premierminister Meles Zenawi der Reflex, autokratische Muster der

Gewaltherrschaft zu überwinden und eine gesellschaftliche Modernisierung zusätzlich zur ökonomischen zuzulassen.

Das bislang letzte, unvollendete Kapitel der bewaffneten Neuordnung Afrikas spielt im Südsudan, wohl eines der am meisten ausgebluteten Kriegsgebiete des Kontinents. Jahrzehntelang kämpfte hier die Befreiungsarmee SPLA (Sudanesische Volksbefreiungsarmee) unter Führung John Garangs, ein alter sudanesischer Weggefährte und revolutionärer Studienfreund des Uganders Museveni aus Daressalam, für die Unabhängigkeit des Südens vom arabisch-muslimischen Staatswesen in der Hauptstadt Khartum. Nach Millionen Toten und Vertriebenen errang die SPLA im Januar 2005 per Friedensabkommen die Macht im Südsudan als Autonomieregierung für eine Übergangszeit von sechs Jahren. Für Januar 2011 wurde ein Unabhängigkeitsreferendum vereinbart. Aber nur wenige Monate nach diesem Triumph starb Garang beim Absturz seines Hubschraubers über Uganda, und seine Nachfolger haben nicht dieselbe politische Weitsicht an den Tag gelegt. Zwar steht der Unabhängigkeitswillen der Südsudanesen außer Zweifel, und sie sehen sich jetzt als Vorreiter für ein neues Afrika, das endgültig aus dem Schatten des Kolonialismus heraustritt. Eine gigantische emotionale Mobilisierung begleitete im Januar 2011 die Volksabstimmung über die Unabhängigkeit, und Südsudanesen feierten euphorisch die Geburt des ersten afrikanischen Staates, dessen Grenzen nicht ehemaligen Kolonialgrenzen entsprechen. Doch ob der »Neue Sudan« im Süden auf eigenen Füßen stehen kann, bleibt ebenso offen wie die Frage, ob Sudan, während in vielen seiner Landesteile wie Darfur ebenfalls Krieg herrscht, seine Zerlegung nach jugoslawischem Vorbild verkraftet, ohne in noch größere Konflikte zu versinken und ähnlich wie zuvor der Kongo halb Afrika in den Strudel grenzüberschreitender Machtkämpfe hineinzuziehen.

Das neue Afrika ist also ein unfertiges Konstrukt auf instabilen Füßen. Versuche, auch in Zentral- und Westafrika die postkoloniale Ordnung zu überwinden, sind größtenteils gescheitert, weil sie zur Unzeit kamen und keine Unterstützer fanden. Thomas Sankara, der junge Soldat in Obervolta, der 1983 putschte und das Land in Burkina Faso (»Republik der Aufrechten«) umtaufte, war Westafrikas einziger erfolgreicher Revolutionär, und er wurde 1987 ermordet. Er predigte das einfache Leben, die Bekämpfung von Protz und Korruption, die Rückbesinnung auf die eigene Kraft der westafrikanischen Bauernbevölkerung und die Mobilisierung der Menschen für das Gemeinwohl. Er war damit eine wandelnde Herausforderung für die korrupten Diktatoren, die damals alle Länder um ihn herum regierten, und er verschwand schnell wieder von der Bildfläche. Sein Erbe lebt in vielen Köpfen weiter, aber nicht in der Politik.

Während sich im östlichen und südlichen Afrika die Kämpfer für eine »zweite Befreiung« in Daressalam und den Universitäten der Region sammelten, fixierten sich die Befreiungsideologen Westafrikas auf Paris, die alte Mutterstadt aus Kolonialzeiten. So konnten sie sich nie richtig in ihren Gesellschaften verankern. Einer von ihnen, der Guineer Alpha Condé, wurde im November 2010 zwar zum Präsidenten seiner Heimat Guinea gewählt, die bei der Unabhängigkeit 1958 ein Pionier des afrikanischen Freiheitsstrebens gewesen war, hinterher aber in finsterster Diktatur versank. Ob ein Präsident Condé allerdings im Alter von 72 Jahren und nach Jahrzehnten des Niedergangs in seinem Heimatland die Kraft für einen Neuanfang mobilisieren kann, bleibt angesichts der extremen ethnischen Polarisierung in Guinea fraglich. Der ebenfalls aus den radikalen Pariser Zirkeln hervorgegangene Laurent Gbagbo führte die Elfenbeinküste nach seiner Machtergreifung als Präsident 2000 direkt in den Bürgerkrieg, und als Ende 2010 die ersten freien Wahlen seit zehn Jahren das

Kriegsende besiegeln sollten, steuerte er das Land durch die Nichtanerkennung seiner Wahlniederlage zurück in den Konflikt. Das benachbarte Ghana hingegen, einst unter Kwame Nkrumah zusammen mit Guinea als Pionier der Befreiung Afrikas gefeiert und dann nach Nkrumahs Sturz Inbegriff dauerhafter Wirren, fand auf dem Umweg der Militärherrschaft in den 1990er Jahren zur Stabilität zurück und ist inzwischen ein Motor der wirtschaftlichen Modernisierung Afrikas.

Für die weitere Entwicklung Afrikas ist das Schicksal Nigerias zentral, nicht nur das mit Abstand bevölkerungsreichste Land des Kontinents, sondern auch nach jahrzehntelangen Militärdiktaturen als außergewöhnlich korrupt verrufen. Nigeria fand nach dem Tod von Militärherrscher Sani Abacha 1998 zurück zur Demokratie, aber es musste dafür die alten korrupten Eliten mitnehmen, deren Interessen wahren und die vorherigen Kämpfer für Demokratie und Bürgerrechte marginalisieren, obwohl sie große Opfer gebracht hatten. Heute ist Nigeria dank seines Ölreichtums ein zentraler Akteur der afrikanischen Erneuerung, aber es bietet Afrika keine politischen Perspektiven. Sein Beitrag zum neuen Afrika ist ökonomisch gewichtig, aber gesellschaftlich und kulturell haben nicht-nigerianische Afrikaner vor Nigerias spezifischer Mischung aus Brutalität und Gerissenheit eher Angst. Und in Nigerias Ölgebieten tobt Krieg.

Der Bruch mit der alten Ordnung ist in Afrika also nur vereinzelt geglückt. In allen Ländern von Südafrika bis Südsudan, wo Befreiungsbewegungen nicht nur regieren, sondern auch neue Verhältnisse schaffen, haben diese nicht infolge einer friedlichen Evolution die Macht übernommen, sondern erst nach der Selbstzerstörung der vorherigen Staatswesen. In einer Situation, wo fliehende abgewirtschaftete Diktatoren ihre Länder als verwüstete Ruinenfelder hinterlassen, bietet die Geschichte nichts Bewahrenswertes.

Die Demokratie- und Befreiungsbewegungen Afrikas in den 1990er Jahren sind Bewegungen der Emanzipation von den Emanzipatoren, Ausdrücke der Desillusionierung mit den gebrochenen Versprechen der antikolonialen Befreier. Diesen neuen Revolutionären, die die Macht mit der Waffe in der Hand erobert haben, ist ein Staats- und Gesellschaftsverständnis gemein, das mit dem Nationalismus der Unabhängigkeitsgeneration nicht mehr viel zu tun hat. Es geht weniger um die Pflege der politischen Form um ihrer selbst willen als um die Mobilisierung der gesellschaftlichen Kräfte.

Selbstbewusstsein: Die neue afrikanische Ideologie

Am 8. Mai 1996, zwei Jahre, nachdem Nelson Mandela als erster frei gewählter Präsident aller Südafrikaner in sein Amt getreten war, hielt sein Stellvertreter Thabo Mbeki in Kapstadt anlässlich der Annahme von Südafrikas neuer demokratischer Verfassung eine denkwürdige Rede, die unter dem Titel »Ich bin ein Afrikaner« in die Geschichte eingegangen ist.[11] »Ich habe gesehen, wie unser Land zerrissen wurde«, sagte er. »Ich habe gesehen, was geschieht, wenn eine Person Gewalt über eine andere ausübt. Ich weiß, was geschieht, wenn Rasse und Farbe darüber entscheiden, wer Mensch und wer Untermensch ist. Ich habe die Zerstörung jedes Selbstwertgefühls erlebt. Ich habe die Korruption von Geist und Seele erlebt. Ich habe gesehen, wie sich die Verleugnung der Menschenwürde auswirkt.« Er fügte hinzu: »Heute sind die Massen geduldig, weil die Geschichte auf ihrer Seite steht. Sie verzweifeln nicht bei schlechtem Wetter und sie triumphieren nicht, wenn die Sonne scheint. Sie definieren selbst, wer sie sind und wer sie sein sollen ... Heute fühlt es sich gut an, ein Afrikaner zu sein. Afrika steigt wieder aus der Asche empor. Was auch immer die momentanen Rückschläge sein mögen: Wir lassen uns nicht aufhalten. Was auch immer die Schwierigkeiten: Afrika wird in Frieden leben. Wie unwahrscheinlich es auch klingen mag: Afrika wird es gutgehen.«

Das war der Ursprung des Gedankenguts der »Afrikanischen Renaissance«, das Mbeki zusammen mit dem senegalesischen Präsidenten Abdoulaye Wade, damals ebenfalls ein

Erneuerer der afrikanischen Politik, auf die Weltbühne getragen hat. Es bedeutet vor allem eines: Afrika besinnt sich wieder auf die eigene Kraft. Damals, Mitte der 1990er Jahre, wurde dies angesichts der vielen ungelösten Konflikte auf dem Kontinent noch belächelt. Heute ist es eine angesichts der sichtbaren ökonomischen Veränderungen allseits anerkannte Tatsache, und sie prägt ein neues offizielles Denken in Afrika, das vor allem Stolz und Selbstbewusstsein betont und jede Form von Abhängigkeit und Bittstellertum ablehnt.

Die Zeiten importierter Ideologien sind in Afrika vorbei. Lange Zeit waren die Intellektuellen und geistigen Führer des Kontinents fremden Konzepten hinterhergelaufen, auch wenn sie eigentlich die Unabhängigkeit predigten. Heute hat Afrika aus bitterer Erfahrung gelernt, dass niemand anderes seine Probleme löst. Das strategische Interesse der Großmächte an Afrika schwand schlagartig, als Anfang der 1990er Jahre die Konfrontation zwischen den Großmächten endete, womit für jeden deutlich wurde, dass es nie ein fundiertes Interesse der Außenwelt an Afrika an sich gegeben hatte. Als weite Teile des Kontinents daraufhin in Chaos und Krieg versanken, war dies den Weltmächten egal, obwohl sie noch kurze Zeit vorher Milliardensummen in diskreditierte Regime gepumpt hatten. Der weiße Westen ließ das südliche Afrika bei der Überwindung der Apartheid allein, zog sich nach einer fehlgeschlagenen Intervention in Somalia sofort zurück, reagierte nicht auf den Völkermord in Ruanda und auch nicht auf die Kriege im Kongo und im restlichen Afrika der Großen Seen. Afrikanische Armeen hingegen stürzten durch militärische Interventionen Idi Amin und Mobutu Sese Seko, afrikanische Befreiungsbewegungen vertrieben Mengistu in Äthiopien und beendeten die Apartheid in Südafrika, und afrikanische Vermittler lösen bis heute viele andere Konflikte und politische Krisen auf dem Kontinent auf friedlichem Wege, bevor sie überhaupt breitere internationale Aufmerksamkeit erlangen: So sieht das offizielle Afrika zumindest die jüngere Geschichte seines Kontinents, auch wenn die Realität komplexer und die panafrikanische Solidarität lückenhafter gewesen ist als in dieser Version.

Das Selbstverständnis der afrikanischen Befreiungsbewegungen, die heute an der Macht sind, hat auch etwas damit zu tun, dass sich der Rest der Welt in ihrer entscheidenden Stunde von ihnen abkehrte. Wenn es darauf ankommt, ist man auf sich allein gestellt. Daher nimmt man auch keine Lektionen von außen mehr an. Welches Gewicht hat der mahnende weiße Zeigefinger, wenn die gleiche Hand sich zuvor beim Abschlachten von Tausenden Afrikanern nicht gerührt hat?

Wenn es etwas gibt, was alle Afrikaner unabhängig von ihrer sonstigen politischen Überzeugung oder ihrer sozialen Stellung prägt, ist es die gemeinsame Erfahrung des Rassismus, früher durch koloniale Entrechtung und systematische Diskriminierung, heute durch Benachteiligung in und Ausgeschlossensein von der Welt der Weißen. Die tiefen Wunden, die dies schlägt, können in ihrem Ausmaß gar nicht überschätzt werden. International wird zuweilen angenommen, die Erfahrungen des Kolonialismus seien inzwischen verblasst und beeinflussten Afrika heute weniger als früher, aber dies stimmt nicht. Die Zeit des Kolonialismus bedeutet der jungen Generation zwar weniger als ihren Vorfahren, die sie noch direkt erlebt haben; aber das Gefühl permanenter Erniedrigung wird ständig erneuert: durch die anhaltende Marginalisierung Afrikas im Weltmaßstab, durch das in den internationalen Medien täglich erneuerte Gefühl, ein toter Afrikaner sei weniger wert als ein toter Amerikaner oder Europäer, durch brutale Demütigungen wie die Odysseen afrikanischer Boat People auf dem Weg nach Europa oder die alltäglichen Berichte über Rassismus gegenüber Schwarzen in reichen Industrienationen. Traumatische Erfahrungen Einzelner, die früher keinen größeren Widerhall fanden, gehen heute dank der globalen Kommunikation um die Welt, und die Empörung darüber ist im afrikanischen Kollektivgedächtnis an die Seite der Erinnerung an Sklavenschiffe und koloniale Demütigung getreten. Jenseits aller politischen Differenzen schafft dies ein gemeinsames Grundverständnis der Solidarität unter Afrikanern gegenüber dem Rest der Welt.

Stolz und das Beharren auf Respekt sind die wichtigsten Faktoren, die Afrika heute zusammenschmieden. Sie bringen auch die Herrscher ihren Völkern näher. Dies ist der Grund, warum die Bilder von weißen Großfarmern und ihren Familien, die von machetenschwingenden Milizen aus ihren Ländereien in Simbabwe verjagt wurden, eine klammheimliche Freude auch bei denen erzeugten, die ganz genau wussten, dass das eigentlich fataler Unsinn ist. Mugabe ist wegen seines Auftretens gegenüber den Weißen ein Held auch für jene Afrikaner, die ihn wegen seiner Politik verachten.

Aus einem ähnlichen Grund scheitern auch regelmäßig die Versuche, afrikanische Kriegsverbrechen mittels internationaler Justiz zu bewältigen. Der im März 2009 ausgestellte Haftbefehl des Internationalen Strafgerichtshofs (ICC) in Den Haag gegen Sudans Präsidenten Omar al-Bashir wegen Völkermords in Darfur wird von Afrikas Regierungen einhellig abgelehnt. Die Afrikanische Union beschloss wenige Monate nach seinem Ergehen, ihn nicht umzusetzen, und Bashir ist bereits unbehelligt in mehrere afrikanische ICC-Vertragsstaaten gereist. Es waren schließlich afrikanische Länder gewesen, keine europäischen, die die ersten internationalen Militärbeobachter nach Darfur gegen den dortigen, von westlichen Beobachtern folgenlos als »Völkermord« bezeichneten Krieg entsandten, allen voran Ruanda. Auch Ermittlungen samt Haftbefehle seitens europäischer

Justizsysteme gegen afrikanische Herrschende, beispielsweise in Frankreich und Spanien gegen Ruandas Präsident Kagame oder sein Umfeld, werden entrüstet zurückgewiesen, zumal die gleichen europäischen Länder flüchtige Völkermordtäter aus Ruanda bei sich aufgenommen haben. Das Gleiche gilt inzwischen für europäische Korruptionsverfahren gegen afrikanische Präsidenten, beispielsweise in Frankreich gegen die Staatschefs von Gabun, Kongo-Brazzaville und Äquatorialguinea: Dies wird von afrikanischen Regierungen als Doppelmoral zurückgewiesen, denn Europa profitiert schließlich vom Schwarzgeld, das Afrikas Diktatoren in Europa anlegen.

Afrikas Staaten sehen in alldem eine selektive Justiz und liefern nur jene nach Den Haag und anderswo aus, die im eigenen Land als Störenfriede agieren könnten: zum Beispiel Liberias Expräsidenten Charles Taylor, der 2006 aus seinem nigerianischen Exil an das internationale Sierra-Leone-Tribunal überstellt wurde, oder den ehemaligen kongolesischen Vizepräsidenten Jean-Pierre Bemba, dem seit November 2010 wegen Kriegsverbrechen seiner ehemaligen Kämpfer in der Zentralafrikanischen Republik in Den Haag der Prozess gemacht wird, oder Milizenführer aus Kongo, Uganda, Ruanda oder Sudan. Alles andere löst man lieber selbst. Nichtafrikanische Einmischung in Afrika wird als illegitimes Ansinnen zurückgewiesen.

Daraus erklärt sich auch die auf den ersten Blick unverständliche Nonchalance, mit der in den meisten afrikanischen Gesellschaften das Absterben oder die bewusste Zerstörung alter Traditionen, Kulturgüter und Naturerbe kommentiert wird, sofern sich mit ihrer Bewahrung nicht über den Tourismus Geld verdienen lässt. Denn fast alles, was einst das »ursprüngliche« Afrika ausgemacht haben könnte, bevor die Kolonisatoren kamen, wurde von diesen schon längst zerstört. Ein offenkundiges Beispiel ist der

Naturschutz, den Europäer von Afrikanern gerne fordern, was diese nicht nachvollziehen können. Schon gegen Ende der Kolonialzeit wurde geschätzt, dass weiße Siedler und Jäger bereits 95 Prozent des afrikanischen Tierreichtums vernichtet hatten;[12] wie können die Weißen heute also in Afrika, die Bewahrung von Flora und Fauna verlangen? Seit der afrikanischen Unabhängigkeit ist vom Rest erneut die Hälfte verlorengegangen, von einzelnen Arten sind es sogar bis zu 85 Prozent, schätzen Artenschützer,[13] und vielleicht bleiben ein paar kümmerliche Überreste als Touristenattraktionen erhalten. Auch dies ist ein Beispiel dafür, wie das wechselseitige Unverständnis zwischen Europa und Afrika zuzunehmen scheint in dem Maße, wie Afrika seinen eigenen Weg findet. Mit welchem Recht diktiert Europa heute Afrika, wie es mit seinen Reichtümern umzugehen habe, nachdem es sie selbst gestohlen und den Kontinent verwüstet hat?

Panafrikanische Sympathie ist hingegen jedem Afrikaner gewiss, der auf der Weltbühne antritt und ungerecht behandelt wird, zum Beispiel Ghana bei der Fußballweltmeisterschaft 2010 in Südafrika nach dem unglücklichen Ausscheiden im Viertelfinale gegen Uruguay. Und panafrikanischer Beifall gilt jenen afrikanischen Politikern, die Kritik seitens der internationalen Gemeinschaft zurückweisen und die Befreiung von fremder Hilfe predigen, zum Beispiel Ruandas Präsident Paul Kagame, dessen Staatshaushalt zwar zur Hälfte von internationalen Gebern finanziert wird, der es aber als Ziel seiner Regierung ausgegeben hat, langfristig keine Entwicklungshilfe mehr zu benötigen.

In seiner Antrittsrede zu seiner zweiten gewählten Amtszeit als Präsident Ruandas im September 2010 nannte Kagame die »Abhängigkeit, die mit Unterentwicklung einhergeht« das größte Problem seines Landes und Afrikas insgesamt. »Afrikanische Regierungen werden oft beschuldigt, korrupt zu sein und die Bedürfnisse ihrer Bevölkerungen nicht zu befriedigen«, sagte er. »Aber wenn wir tun, was von jeder Regierung erwartet wird, werden die Messlatten verändert und man wirft uns vor, dem Volk Fortschritt aufzuzwingen.« Diese »Doppelzüngigkeit« sei ein Zeichen von »Herablassung gegenüber unserem gesamten Kontinent, die den Zyklus von Armut und Unterentwicklung perpetuiert, unser Volk weiterhin seiner Würde beraubt, und der sich Afrikaner weiterhin widersetzen müssen«.[14] Dies sind harte Worte, die so oder ähnlich auch von Simbabwes Präsident Mugabe oder in früheren Zeiten von Tansanias Präsident Nyerere hätten kommen können, obwohl sich Ruandas Politik komplett von jener dieser Länder unterscheidet.

Südafrikas Präsident Jacob Zuma drückt sich in seinen Grundsatzreden viel versöhnlicher aus, wenngleich der ANC wie kaum eine andere Partei in Afrika noch immer revolutionäres Gedankengut in seiner Sprache pflegt und die Geschichte des Befreiungskampfes als identitätsstiftend hervorhebt – identitätsstiftend auch für Afrika insgesamt, dessen unermüdliche Unterstützung bis zum Sieg über die Apartheid immer wieder von Zuma in Dankbarkeit hervorgehoben wird. Südafrikas Präsident betont das Ideal einer geeinten Nation, gegründet auf »gegenseitigem Respekt« und der »gemeinsamen Überzeugung, dass wir nie mehr zu einer Zeit der Spaltung und des Streits zurückkehren«, wie er es bei seiner Antrittsrede im Mai 2009 formulierte.[15]

Es ist sicher kein Zufall, dass »Spaltung« und »Division« nicht nur in Südafrika, sondern in immer mehr afrikanischen Ländern gebrandmarkt werden. So erklärte Goodluck Jonathan, als er im Februar 2010 Präsident Nigerias wurde, seine friedliche Machtergreifung nach der schweren Erkrankung seines Vorgängers beweise, dass »unsere Einheit als ein Volk, die Liebe zu unserem Land und unsere Hoffnung auf seine große Zukunft niemals erschüttert werden können«.[16] In Ruanda ist »Divisionismus« ein strafbares Verbrechen, was mit der Aufhetzung von Hutu gegen Tutsi in der Zeit der Vorbereitung des Völkermords zu tun hat.

Diese neue afrikanische Ideologie des erhobenen Hauptes nach außen und des Kollektivgefühls nach innen hat auch ihre Tücken. In ihr klingt unausgesprochen die Überzeugung mit, es gebe irgendwo tief vergraben in der afrikanischen Psyche und Geschichte ein ursprüngliches, authentisches, harmonisches Afrika, das leider seit Jahrhunderten durch fremde Einmischung verschüttet worden sei und das es wiederzuentdecken gelte. Diese Überzeugung ist eine Gegenreaktion auf die ebenso tiefe Überzeugung der ersten postkolonialen Führungsgeneration, wonach der Weg zum Fortschritt in der möglichst getreuen Nachbildung der kolonial ererbten Staatswesen und Kulturen bestehe. Doch in der Vergangenheit ist eine solche Gegenreaktion Feigenblatt für einige der schlimmsten Auswüchse postkolonialer Gewaltherrschaft gewesen, von der Ideologie der »Authentizität« eines Mobutu in Zaire bis zum »Zentralafrikanischen Kaiserreich« eines Jean-Bedel Bokassa in der Zentralafrikanischen Republik und anderen absurden Rekursen auf ein mythisches Afrika in finsteren Diktaturen wie Äquatorial-Guinea.

Mit der Überzeugung, es gebe ein reines Afrika in Abgrenzung zum kontaminierten Rest der Welt, lässt sich jedes Übel rechtfertigen: »afrikanischer Sozialismus«, absolute Abschottung, sogar Apartheid und auch das ANC-Schlagwort »Ubuntu«, also der spezifisch afrikanische Gemeinsinn, wonach das Individuum nur über seine Zugehörigkeit zum Kollektiv zur Erfüllung finden könne. Damit kann man auch Menschenrechte und Meinungsfreiheit ablehnen und Andersdenkende zu Asozialen stempeln, weil das große Ganze wichtiger ist. Solche Denkmuster finden sich auch in der virulenten Ablehnung der Homosexualität in vielen afrikanischen Ländern und der Überzeugung einiger afrikanischer Führer gerade aus der Tradition der bewaffneten Befreiungsbewegungen, wonach diese in Afrika eigentlich nicht existiere oder jedenfalls von Europa eingeführt worden sei. Ähnlich äußert sich das auch in dem kompletten Unverständnis, mit dem manche ansonsten durchaus politisch aufgeschlossene und weltgewandte Afrikaner der Forderung nach Gleichberechtigung der Frau in der Ehe oder nach Ablehnung von Gewalt in der Familie begegnen. Gerade in den aufstrebenden Ländern Afrikas, wo alles dem Erfolg untergeordnet ist, herrscht im Kleinen oft ein gnadenloser und ziemlich machistischer Konformismus, der jede gesellschaftliche Abweichung missbilligt.

Auf politischer Ebene zeigt sich dies in einer zunehmenden Intoleranz gegenüber Kritik. In den meisten afrikanischen Ländern haben es Regimegegner heute bedeutend schwerer als noch vor zehn Jahren, politischer Pluralismus ist noch mühsamer geworden, und mit dem wirtschaftlichen Erfolg wächst das Unverständnis dafür, dass jemand gegen die offizielle Politik kritisch eingestellt sein könnte. Anders als früher gibt es allerdings in der Regel keine Rückkehr zur absoluten Herrschaft eines einzigen Diktators, der alles bestimmt und alle dirigiert; die stürmische sozio-ökonomische Entwicklung macht dies unmöglich. Es entwickelt sich ein Mittelweg: Der Präsident bleibt als Person relativ schwach, aber man stellt ihn nicht infrage.

In kurioser Weise finden zahlreiche afrikanische Länder heute zurück zu einer Art Monarchie, in der das Staatsoberhaupt quasi gottgegeben ist und die Besetzung dieses Amtes nicht zur Diskussion steht, ansonsten aber politische Vielfalt zumindest theoretisch möglich ist. Bezeichnendes Signal dafür ist die zunehmende Anzahl afrikanischer Staatschefs, die ihre Söhne als Nachfolger heranziehen und dann auch einsetzen. In Nordafrika ist dies praktisch in jedem Land der

Fall. Togos Faure Gnassingbé, Gabuns Ali Bongo, Kongos Joseph Kabila – sie alle verdanken ihr Amt dem Umstand, dass ihre Väter absolute Herrscher waren, und sie alle sind nur schwache Kopien des Originals. Tendenzen zur familiären Erbfolge an der Staatsspitze und zur Besetzung wichtiger Posten mit engsten Familienangehörigen gibt es selbst in so unterschiedlichen Ländern wie Senegal und Uganda. Dies verrät aber weniger eine Rückkehr zu alten absolutistischen Staatsmustern als eine Ähnlichkeit der neuen afrikanischen Staatswesen mit Familienunternehmen. Man hält das Kapital der Macht in der Familie.

Politische Überzeugungen zur Schau zu tragen, gilt in afrikanischen Machtspielen heute zunehmend als überflüssig. Nicht nur orientiert man sich nicht mehr an fremden Ideologien; man verzichtet auch völlig auf ideologische Orientierung. Es geht um Geld und um Macht. Wer Geld hat, hat Macht; wer Macht hat, hat Geld; wer Macht hat, behält recht. Wer Erfolg hat, hat recht, und zwar hat er recht, weil er Erfolg hat. Gerade in den Staaten, die sich am schnellsten verändern, entwickeln Regierende und Regierte ein zunehmend instrumentelles Verhältnis zueinander anstelle des früheren Gewohnheitsrechts, wonach die Mächtigen ihre Macht nur durch die Fähigkeit zur Machtausübung zu rechtfertigen brauchten. Die Herrscher werden heute vom Volk akzeptiert, solange sie die Ressourcen mehren und die Menschen daran teilhaben lassen; das Volk wird vom Herrscher geduldet, solange es dabei fleißig mitarbeitet und die Verhältnisse nicht infrage stellt. Der Staat wird geführt wie eine Firma; die Bürger haben zu gehorchen wie Angestellte und der Präsident agiert als eine Art Geschäftsführer.

Gewinnstreben ist das oberste Ziel politischen Handelns. Idealerweise kommt das dem gesamten Land zugute, aber die Gefahr der Privatisierung der Gewinne ist nie vollständig gebannt und produziert ständig in der Gesellschaft Forderungen nach starken demokratischen und juristischen Institutionen, die persönliche Gelüste neutralisieren können. Daraus entsteht politische Debatte. Die technokratische Sprache globaler Unternehmenskultur harmonisiert jedoch zunächst perfekt mit einem autoritären Politikverständnis, unter der Bedingung, dass für alle etwas dabei herausspringt. Ein knallharter, illusionsloser Pragmatismus prägt Afrikas Politik im frühen 21. Jahrhundert.

Dieser Pragmatismus äußert sich unterschiedlich. Bei Regierungen, die ihre Macht dem bewaffneten Kampf und der Machtergreifung mit der Waffe in einem zerfallenen Staat verdanken – Uganda, Ruanda, Äthiopien –, gründet er sich auf die praktischen Erfordernisse militärischer Überlegenheit: Eine Armee zum Sieg zu führen ist im Kontext des offensichtlichen Bankrotts einer Regierung vor allem ein technisches Problem, kein politisches. Nötig sind gute Führung, flexibler Umgang mit den Realitäten, Verlässlichkeit gegenüber der einfachen Truppe, Verbindlichkeit gegenüber der Masse der Bevölkerung und Pflege einer reibungslosen Logistik und effizienter Versorgungswege. Man muss einen Plan für die Zeit nach der Machtübernahme haben, man muss mit dem früheren Gegner umgehen können und man muss den Staatsapparat verstehen.

Regierungshandeln, das sich aus diesen Prioritätensetzungen ableitet, privilegiert technische Abläufe gegenüber demokratischen Verfahren. Es ist vor allem ergebnisorientiert. Der Zweck heiligt die Mittel. Hinterher können die Zwecke und damit auch die Mittel allerdings komplett divergieren, wie die sehr disparaten Schicksale der genannten Nationen beweisen. Der Voluntarismus der Mächtigen hat unter diesen Voraussetzungen besonders breiten Spielraum. Solche Regierungen erzielen oft tiefgreifende Veränderungen, setzen sich aber internationaler Kritik aus und können auch in der eigenen Bevölkerung extrem unpopulär werden.

Machthaber, die im Rahmen eines Verhandlungsprozesses zur möglichst harmonischen und friedlichen Überwindung eines als untragbar empfundenen Krisenzustands an die Macht kommen – Südafrika, Nigeria –, gründen ihre Legitimität hingegen auf der Wahrung eines Konsenses. Ihre Staatskunst besteht darin, die Gemeinsamkeiten am Leben zu erhalten und die Errungenschaft des dauerhaften Schulterschlusses, die die friedliche Überwindung der früheren Krise ermöglichte, beständig auch angesichts neuer Herausforderungen zu erneuern. Das ist ein politisches Problem, kein technisches. Nötig für seine Lösung sind politische Überzeugungskraft, Achtung vor Recht und Gesetz und die Pflege funktionierender Institutionen. Einbindung des Gegners ist wichtiger als Durchsetzung unpopulärer Ziele. Diese Art der Politik ist vor allem verfahrensorientiert.

Daraus ergibt sich die Gefahr, dass »gute Regierungsführung« zum Selbstzweck erhoben wird, dass entschlossenes Handeln zur Lösung struktureller Probleme unmöglich wird, dass Partikularinteressen immer die Oberhand gewinnen und dass die Frage, was eigentlich erreicht werden soll, der Genugtuung darüber weicht, dass man überhaupt regiert. Dann genießt die Regierung zwar nach innen und nach außen hohe Legitimität und Anerkennung, aber grundlegende Veränderungen bleiben aus, und die Unzufriedenheit der Bevölkerung ist nur noch schwer aufzufangen.

Dass bei allen afrikanischen Reformstaaten die Macht letztendlich aus den Gewehrläufen kommt und dass ihre politischen Organisationen alle letztendlich Armeen sind, kann durchaus als Belastung für die Zukunft gelten und wird mit zunehmender Dauer ihrer Regierungszeit von ihren Bürgern auch immer stärker so empfunden. Fragt man in diesen Ländern nach, welcher politischen Überzeugung all diese Regierungen und ihre Führer huldigen, erntet man bestenfalls Unverständnis und häufiger noch sinnentleerte

Parolen. Welche politische Ausrichtung verfolgt der ANC in Südafrika, die EPRDF in Äthiopien oder die RPF in Ruanda? Was hat es noch zu bedeuten, dass Angola, die kapitalistische Ölnation par excellence, Machete und Zahnrad ähnlich wie Hammer und Sichel in der Nationalflagge trägt und Ruandas RPF als Emblem die spiegelverkehrte französische Trikolore? Gibt es noch irgendeinen Grund außer den Erfordernissen der Freundschaftspflege, dass afrikanische Regierungsparteien auf internationaler Ebene mit Sozialdemokraten, Liberalen oder Konservativen paktieren? Haben afrikanische Parteien, die sich »grün« nennen, wirklich einen grünen Hintergrund oder ist das auch nur ein Signum, das internationale Sympathisanten und Fördergelder anlocken soll?

Die positive Seite dieses neuen afrikanischen Denkens ist aber, dass anders als früher die einfachen Menschen nicht mehr komplett ignoriert werden. Sie werden gebraucht, denn ohne ihre Arbeitskraft kann sich das Land nicht nach vorn bewegen. Während der Kolonialzeit sowieso und in der unmittelbaren Nachkolonialzeit auch noch war die Masse der Bevölkerung nichts wert. Sie sollte arbeiten, ansonsten war sie unsichtbar. Eigenständiges Denken war verboten. Das geht heute nicht mehr. Die Menschen machen sich ihre Gedanken und drücken sich öffentlich aus, ob man es ihnen erlaubt oder nicht, und das ist gut so. Der Kern des Programms von ANC, RPF und den anderen Befreiungsbewegungen ist nicht die Machtergreifung durch eine möglichst kleine Elite, sondern die Beteiligung des gesamten Volkes am politischen Projekt der selbstbestimmten Gestaltung der Zukunft – ob das Volk das will oder nicht.

Hierdurch ergibt sich immerhin die Möglichkeit von demokratischer Partizipation. Die politischen Führer der neuen Generation, die Mandelas und Zumas, Musevenis und Kagames, Kabilas und Meles Zenawis, können einen plumpen Absolutismus auch dann nicht durchsetzen, wenn sie ihn wollen – was sie manchmal offen tun. Mit ihrem Ehrgeiz, neue Staaten und neue Gesellschaften aufzubauen, stellen sie ambitionierte Maßstäbe auf, an denen sie dann auch selbst gemessen werden können. Es gehört zu ihrem Wesen, Stillstand zu bekämpfen und ständig das Neue zu suchen. Sie haben die Notwendigkeit von Veränderung an oberste Stelle der legitimen Ziele politischen Handelns gesetzt, und irgendwann wird das auf sie zurückfallen, zum Wohle ihrer Länder. Sie haben die Idee der Revolution in Afrikas politischer Kultur verankert und sie unwiderruflich mit Fortschritt und Aufbau statt mit Chaos und Verwüstung verknüpft. Sie werden das selbst möglicherweise nicht überstehen, denn die Idee der fortlaufenden Modernisierung ist mit lebenslanger Herrschaft unvereinbar. Genau daraus, dass Veränderung irgendwann als Selbstverständlichkeit und als Chance empfunden wird, kann im Laufe der Zeit das neue Afrika entstehen.

Tribert Rujugiro, der einflussreichste ruandische Geschäftsmann der Gegenwart und Gründer der »Rwanda Investment Group« (RIG), hat den inneren Antrieb der neuen afrikanischen Gründerzeit am prägnantesten auf den Punkt gebracht. Als er 2004 erstmals in Nigeria investierte, sagte der Ruander, die politische Emanzipation Afrikas sei bedeutungslos, wenn auf sie keine ökonomische Emanzipation folge.[17] Rujugiro fasste damit zusammen, was vor ihm Yoweri Museveni in Uganda und vor diesem Julius Nyerere pausenlos seinen Anhängern und Bürgern eingehämmert hatte: Afrikas Befreiung bedeutet nicht einfach die Eroberung politischer Macht, sondern die Übernahme wirtschaftlicher Verantwortung.

»Wie kann man eine lebensfähige Nation haben, wenn man keine lebensfähige Wirtschaft hat?«, fragte Museveni schon wenige Monate nach seiner Machtergreifung in Uganda 1986 in einer Rede vor Studierenden an seiner alten

Universität Daressalam in Tansania. »Nach der Unabhängigkeit hätte es einen ideologischen Wandel geben müssen. Viele Leute waren der Ansicht, dass nichts verändert werden musste. Sie waren damit zufrieden, Rohstoffe zu exportieren und ein Markt für Fertigprodukte aus Europa und Nordamerika zu sein. Weil die Elite nichts verändern konnte, war unser Volk von einem Gefühl der Machtlosigkeit niedergedrückt. Wir glauben nicht an diese Selbstgefälligkeit. Deswegen haben wir mit unseren eigenen Ressourcen einen bewaffneten Kampf gestartet … Wir haben die Mentalität infrage gestellt, dass es unmöglich ist, die eigenen Probleme zu lösen, und wir werden das weiterhin tun.«[18]

Cyril Ramaphosa, führender Geschäftsmann und Politiker in Südafrika, hat dieses Denken in den historischen Kontext der Geschichte Afrikas gestellt. »Die Fähigkeit zur Innovation begann hier in Afrika; es ist Zeit, sie nach Hause zu holen«, erklärte er 1998 und erinnerte daran, dass die ersten sesshaften Bauern der Welt einst aus Afrika in den Rest der Welt ausgeschwärmt waren. »Vor ungefähr 100 000 Jahren verließ eine Gruppe von wahrscheinlich nicht mehr als 100 Menschen Afrika. Im Zuge von 5000 Generationen ermöglichte ihnen die Innovationsfähigkeit, die sie in Afrika entwickelt hatten, das Überleben und das Gedeihen in fast jeder Ecke der Erde. Wir haben jetzt die Chance und die Verantwortung, genau diese Innovationsfähigkeit einzuspannen, damit unser Land, und unser Kontinent, wieder zum Führer in der globalen Entwicklung wird.«[19]

Gründerzeiten: Der neue militärisch-industrielle Komplex

Am 25. September 2010 feierte die »African Leadership Academy«, eine südafrikanische Eliteschule für junge Führungskräfte, zum ersten Mal die »unbekannten Helden« des neuen Afrika. Der »Africa's Unsung Heroes Day« würdigt »die Beiträge von Menschen, die nicht allgemein bekanntgeworden sind, zu Afrikas Wachstum und Wohlstand«.[20] Erster Laureat war posthum Miko Rwayitare, ruandisch-kongolesisch-südafrikanischer Geschäftsmogul und Erfinder des Mobiltelefons in Afrika. Miko Rwayitare führte 1986 das erste Handy-Gespräch Afrikas, er baute das erste Mobilfunknetzwerk des Kontinents auf und er verkörpert wie kein anderer die neue afrikanische Gründerzeit, die heute den Kontinent von Grund auf umgestaltet.

Miko Rwayitare war ein Mitglied der schmalen Elite ruandischstämmiger Tutsi, die im Zaire der Mobutu-Diktatur ganz nach oben kamen. Geboren 1942 in Ruanda, als das Land noch gemeinsam mit Burundi und Kongo belgischer Kolonialbesitz war, ging Rwayitare in Burundi und dann im Jesuitenkolleg »Notre Dame de la Victoire« (heute Alfajiri) im ostkongolesischen Bukavu zur Schule. Als einer der Klassenbesten erhielt der Ruander ein Stipendium zum Ingenieursstudium in Karlsruhe, wo er 1970 seinen Abschluss erhielt. Er arbeitete danach im Kongo, damals Zaire, in verschiedenen Staatsbetrieben, deren Niedergang er miterlebte. Als er erfuhr, dass in den USA die ersten Schritte Richtung mobiler Telekommunikation getan wurden, sah er darin eine Chance für sein riesiges Heimatland, wo es kein funktionierendes Telefonnetz gab und der Zerfall der Infrastruktur sich beschleunigte.

1985 tat sich Rwayitare mit dem US-Amerikaner Joe Gatt zusammen, Vertrauter des Diktators und Direktor des wichtigsten zairischen Hotels Intercontinental (heute Grand Hotel) in Kinshasa. Rwayitare steckte Geld in den Erwerb von Funktechnologie, Gatt errang von Mobutu die Genehmigung zur Gründung der zairischen Telekommunikationsfirma Telecel, die erste Afrikas. Ausgerechnet das Land, das später zum Inbegriff des Chaos in Afrika wurde, war Pionier der Technologie, die später Inbegriff von Afrikas Fortschritt werden sollte – und zwar dank eines Ingenieurs aus Ruanda.

Die ersten Telecel-Telefone waren groß und schwer wie Ziegelsteine und sahen aus wie besonders unpraktische Funkgeräte. Sie wurden Mobutu erstmals 1986 bei einem USA-Besuch präsentiert. In einem Washingtoner Hotelzimmer zeigte Rwayitare Zaires Diktator sein neues tragbares Telefon und behauptete, damit könne er seine Familie zu Hause in Kinshasa anrufen. Mobutu glaubte zunächst kein Wort, ließ sich aber zu einem Testanruf überreden. Als Zaires Präsident vor versammelter Mannschaft ins Gerät brüllte: »Ich soll dir Geld schicken? Wofür??«, wussten alle, dass der Anruf durchgekommen war. Eine neue Ära hatte begonnen.

Das Telecel-Netzwerk und die dazugehörigen Motorola-Geräte zum Stückpreis von 5400 US-Dollar waren zunächst der Mobutu-Familie und seiner engsten Entourage vorbehalten, und sie wurden zum Erkennungszeichen der zairischen Elite in ihrer Untergangsphase: Wer eines hatte, gehörte zu den oberen 3000. Bis heute genießen Motorola-Handys im Kongo einen besonderen Ruf, wenngleich das Statussymbol des Kongolesen inzwischen nicht mehr wie damals darin besteht, ein möglichst großes Handy zu besitzen, sondern möglichst viele, als Beweis der Vernetzung in möglichst vielen verschiedenen Netzen. Die Telekommunikation hat sich demokratisiert.

Telecel expandierte in andere Länder: Guinea, Burundi, Simbabwe – kurioserweise alles heute Inbegriffe des Niedergangs in Afrika. Die Wirren nach dem Sturz Mobutus und den Kongokriegen zerstörten Telecel, das mittlerweile ein multinationales Unternehmen geworden war. Rwayitares Anteil an der Firma wurde nach Ausbruch des zweiten Kongokrieges im Sommer 1998 von der Regierung Kabila beschlagnahmt, weil diese alle Tutsi als Feinde und Unterstützer des Kriegsgegners Ruandas verdächtigte. Rwayitare zog nach Südafrika und verkaufte Telecel im Jahr 2000 an die ägyptische Mobilfunkfirma Orascom Telecom für 413 Millionen Dollar. Orascom ist mittlerweile einer der größten Mobilfunkanbieter der arabischen Welt.

Rwayitare erwarb sich dann in Südafrika als erster Schwarzer ein Weingut und baute sich die größte Protzvilla des Landes in einem Luxusviertel von Johannesburg mit Blick über die Stadt. Besucher haben es mit dem Schloss von Versailles verglichen; es enthält gemalte Porträts von Che Guevara. Rwayitare starb im September 2007.

Telecel steht am Ursprung des Telekommunikationsbooms, der Afrika revolutioniert hat wie kaum eine andere Innovation. Weltweit bekannt geworden ist der Siegeszug des Mobilfunkunternehmens Celtel, das innerhalb von sieben Jahren nach seiner Gründung 1998 durch den sudanesischen Unternehmer und ehemaligen Angestellten von British Telecom, Mo Ibrahim, zu den afrikanischen Marktführern des Sektors aufstieg, mit einer marktbeherrschenden Position in zehn Ländern und einem potenziellen Markt von 250 Millionen Verbrauchern. Celtel stürzte im Kongo Telecel von seinem Thron und läutete die Ära der Massenkommunikation ein: Das Handy ist heute nicht mehr Statussymbol einer Elite, sondern Werkzeug des Volkes.

Als erstes Mobilfunkunternehmen der Welt, das grenzüberschreitendes Telefonieren zum Inlandstarif anbot, wurde Celtel im Mai 2005 für 3,4 Milliarden Dollar an die kuwaitische Zain Group verkauft. Diese veräußerte ihre Afrika-Interessen im Juni 2010 für 10,7 Milliarden Dollar an die indische Bharti Airtel weiter – ein Beispiel für den fulminanten Aufstieg und Wertegewinn afrikanischer Unternehmensaktivitäten, der nur durch panafrikanische Expansion möglich geworden ist. Celtel gilt inzwischen als Vorbild für die geglückte Gründung eines afrikanischen multinationalen Unternehmens, sein Gründer Mo Ibrahim gehört zu den »Elder Statesmen« des Kontinents, weltweit geehrt und gefeiert als Personifizierung des afrikanischen Erfolges.

Celtels wichtigster Konkurrent auf dem Kontinent ist MTN aus Südafrika, ein besonderer Fall der grenzüberschreitenden Kooperation zwischen Afrikas neuen Eliten in Südafrika und Ruanda. Das Wirtschaftsunternehmen der ruandischen RPF, Tristar, gründete 1998 mit MTN ein Joint Venture zum Aufbau eines ruandischen Mobilfunknetzes, das so erfolgreich war, dass es binnen kürzester Zeit nach Uganda und schließlich in weitere Länder expandierte. MTN wurde zu einem Marktführer in Teilen Afrikas und erwarb schließlich 2006 Tristars Anteil am Joint Venture für 55 Millionen Dollar, was wiederum diese RPF-nahe Firma sehr reich machte und ihre Diversifizierung in Biotechnologie ermöglichte. Es wird geschätzt, dass Tristar bis zum Jahr 2014 40 Milliarden Dollar wert sein könnte.[21] So entsteht Kapital in Afrika. Ruandas Aufstieg und anhaltender Wirtschaftsboom ist zu großen Teilen auf die strategischen Schachzüge Tristars auf Afrikas Märkten zurückzuführen.

Gründer und erster Geschäftsführer von Tristar war Ben Rugangazi, ein ruandischer Tutsi wie Rwayitare. Seine Familie war wie die des heutigen ruandischen Präsidenten Kagame 1959 beim Sturz der ruandischen Monarchie durch

Hutu-Revolutionäre nach Uganda geflohen. Als Tierarzt ausgebildet, half Rugangazi bei der Gründung der RPF und kehrte nach deren Machtergreifung 1994 als Geschäftsmann nach Ruanda zurück. RPF-Mitgliedsbeiträge flossen damals in den Aufbau von Tristar, das im Gegenzug die Rechnungen der RPF-Regierung bezahlte, als diese Ruanda übernahm, nachdem die für den Völkermord verantwortlichen Hutu-Vorgänger mit der Staatskasse geflohen waren. Später wurde Tristar zum RPF-Investitionsvehikel, das strategische Entscheidungen zum Wiederaufbau der ruandischen Wirtschaft traf. Viele Beobachter in Ruanda bestätigen, dass die RPF über Tristar oder die ebenfalls zentrale Rwanda Investment Group Mehrheitseigentümer zahlreicher ruandischer Firmen ist; politische und ökonomische Macht seien dadurch identisch, und die ruandische Regierungspartei sei damit zu einem Großinvestor in Ost- und Zentralafrika aufgestiegen.

Ben Rugangazi wurde später Ruandas Botschafter in China und hielt diesen Posten bis 2010. Sein Kollege Tribert Rujugiro, Vorsitzender der von mehreren Dutzend ruandischen Privatunternehmern sowie Tristar und der ruandischen Sozialversicherung im Jahr 2006 gegründeten Rwanda Investment Group, ist zum multinationalen Unternehmer in Afrika aufgestiegen, mit Firmen in Südafrika und Nigeria, wo er sich in der Tabakindustrie festgesetzt und die britische BAT vom Markt verdrängt hat. Rujugiro und die RIG investieren seit 2009 in die industrielle Nutzung von Methangas aus dem Kivu-See zwischen Ruanda und Kongo – ein potenzielles Milliardenprojekt, das das chronische Energiedefizit dieser dicht besiedelten Region verringern und damit eines der wichtigsten Hindernisse für die weitere ökonomische Modernisierung Ostafrikas beseitigen könnte.[22]

Vorsitzender der südafrikanischen Telefongesellschaft MTN, die ihren Aufstieg der Kooperation mit Ruanda verdankt, ist Cyril Ramaphosa, ANC-Politiker und Symbol der

Verschmelzung von Wirtschaft und Politik im neuen Südafrika. Einst mächtiger Gewerkschaftsführer, leitete Ramaphosa nach der Demokratisierung die Verfassungsreform Südafrikas; er zog sich 1997 aus der Politik zurück, nachdem er den Kampf um die Nachfolge Nelson Mandelas als ANC-Führer gegen Thabo Mbeki verloren hatte, und widmete sich privatwirtschaftlichen Aktivitäten, wobei er zu einem der erfolgreichsten schwarzen Unternehmer und zum Inbegriff der neuen südafrikanischen Aufsteigerschicht wurde.

Mit dem Fall Mbekis und dem Emporkommen des 2009 gewählten Präsidenten Jacob Zuma, dessen Macht ebenfalls auf der Interessensverschmelzung zwischen Gewerkschaften und schwarzem Unternehmertum beruht, gewann Ramaphosa wieder an Einfluss. Im April 2010 berief Präsident Zuma ihn zum Vizepräsidenten der neu gegründeten staatlichen »Nationalen Planungskommission«, die unter Leitung des Ex-Finanzministers Trevor Manuel – einer der wenigen Weißen in der südafrikanischen Regierungspolitik und jahrelang Inbegriff finanzpolitischer Seriosität – strategische Orientierungen für die Zukunftsplanung Südafrikas ausarbeiten soll.

Dabei geht es um nichts weniger als um die Umwälzung der Macht- und Eigentumsverhältnisse, auf denen Südafrika gegründet wurde – und zwar eine Umwälzung auf friedlichem Wege, im Konsens, zum gegenseitigen Vorteil, ohne die Fundamente des südafrikanischen Wohlstands zu zerstören. Es ist ein einzigartiges Experiment, von dessen Erfolg Afrikas Zukunft abhängt. Anders als Idi Amin im Uganda der 1970er Jahren oder Robert Mugabe in Simbabwe zu Beginn des 21. Jahrhunderts legt der ANC in Südafrika nicht erst die bestehende Wirtschaftsstruktur in Trümmer, um hinterher behaupten zu können, jetzt seien wenigstens alle gleich. Es wird eine gleichberechtigte neue Oberschicht aus den Reihen der bisher benachteiligten Schwarzen herangezogen, die auf

Augenhöhe mit den traditionell etablierten Weißen Geschäfte macht und damit Südafrikas wirtschaftliche Schlagkraft potenziert. Das macht Südafrika heute nicht nur zu einem finanziellen Motor der afrikanischen Erneuerung, sondern auch zu deren politisch-ideologischer Inspiration.

Südafrika war während der Apartheid die leistungsfähigste Volkswirtschaft des Kontinents gewesen, gegründet auf immensen Bodenschätzen von Kohle bis hin zu Gold und Diamanten, deren Förderung seit dem Entstehen des Staates im späten 19. Jahrhundert seine Entwicklung bestimmt. Während der internationalen Isolation des Apartheid-Regimes in seiner Spätphase entwickelte Südafrika eine Fähigkeit zur Abschottung und zur Förderung der eigenen Kräfte mit möglichst geringer äußerer Abhängigkeit. Als der ANC 1994 die Macht übernahm, galt zwar einerseits ein implizites Stillhalteabkommen, wonach die Schaltstellen der Politik in schwarze Hände übergehen, die Kommandohöhen der Wirtschaft aber in weißen Händen bleiben, jedenfalls solange die Veränderung der Besitzverhältnisse einen Effizienzverlust nach sich gezogen hätte. Um die ökonomische Hegemonie der Weißen nicht zu verewigen und die Erwartungen der schwarzen Anhängerschaft auf Verbesserung ihrer Lebensumstände nicht zu enttäuschen, hat die ANC-Regierung aber zugleich den Aufbau einer konkurrierenden, zunehmend mächtigen schwarzen Unternehmerschicht gefördert.

Wichtig dabei war anfangs vor allem die systematische Bevorzugung ANC-naher Privatunternehmen bei staatlichen Ausschreibungen sowie der Gewinn von äußerst lukrativen Provisionen bei staatlichen Einkäufen. Seit 1994 schwelt in Südafrika ein Dauerskandal um gigantische Geldsummen, die im Zusammenhang mit Südafrikas Kauf von Korvetten, Kampfflugzeugen und Hubschraubern im Milliardenwert im Zuge der Umstrukturierung der südafrikanischen Streitkräfte an allerhöchste ANC-Politiker und ihre Geschäftsfreunde geflossen sein sollen. Der sogenannte »Arms Deal« beschäftigte jahrelang die südafrikanische Justiz und hat maßgeblich die ANC-internen Flügelkämpfe und andauernden Rivalitäten an Südafrikas Staatsspitze mitbestimmt.

Korruptionsvorwürfe im Zusammenhang mit dem »Arms Deal« bewogen 2006 Nelson Mandelas Nachfolger als Staatschef, Thabo Mbeki, zur Entlassung seines Stellvertreters Jacob Zuma. Das trieb den ANC an den Rand der Spaltung. Zuma hievte sich Ende 2007 per Parteitags-Kampfabstimmung an die ANC-Parteispitze. 2008 musste Mbeki zurücktreten, im April 2009 wurde Zuma schließlich vom südafrikanischen Volk zum Staatschef gewählt – eine Machtverschiebung in Afrikas ältester Befreiungsbewegung weg von elitären Exilkreisen hin zu einer volksnäheren, aber nicht weniger skrupellosen Führungsgruppe.

Zweite Grundlage der Herausbildung einer kapitalkräftigen schwarzen Unternehmerschicht in Südafrika ist die Politik des »Black Economic Empowerment« (BEE), die noch viel expliziter als frühere Förderprogramme der positiven Diskriminierung die Bevorzugung von Firmen im Besitz von Schwarzen in allen Bereichen der Wirtschaft vorsieht. Seit 2003 in mehreren, noch nicht abgeschlossenen Schritten in Kraft gesetzt, ist BEE ein kompliziertes Regelwerk, das die Privatwirtschaft Südafrikas in weiten Bereichen zur Übertragung von Kapital und Management an Schwarze verpflichtet – zunächst als Vorgabe für Geschäfte mit dem öffentlichen Sektor, inzwischen auch zunehmend als Bedingung für Zugang zu Aufträgen, Lizenzen und Kapitalbeschaffung. Das hat einer neuen schwarzen Unternehmer- und Managerelite den Aufstieg ermöglicht – überfällig, aus Sicht des ANC. Denn 16 Jahre nach Ende der politischen Herrschaft der Weißen ist deren Dominanz in der südafrikanischen Wirtschaft noch weitgehend intakt: Die Johannesburger Börse legte im August 2010 eine Untersuchung vor, wonach vom Kapital der

100 größten gelisteten Firmen nur 18 Prozent im Besitz von Schwarzen waren – nur etwa genauso hoch wie der Anteil, der ausländischen Investoren gehört.[23]

Der teils ostentativ zur Schau gestellte Reichtum der sogenannten »black diamonds«, wie man diese Neureichen in Südafrika nennt, zeigt, dass nach dem politischen Machtwechsel von 1994 jetzt auch eine ökonomische Machtverschiebung im Gange ist. Die neue schwarze Geschäftselite, teils in den etablierten Großunternehmen des Landes verankert und teils Besitzer neu entstandener Firmen, ist außerdem perfekt positioniert, um in andere Teile des Kontinents zu expandieren. Sie hat dafür nicht nur die nötige Finanzkraft, sondern auch die Legitimation und die Anerkennung. Die in Südafrika ausgetragene Fußballweltmeisterschaft 2010 war der Moment, in dem dieses neue Südafrika der »black diamonds« und der selbstbewussten Zuma-Elite seinen ersten Auftritt auf der afrikanischen und internationalen Bühne auf Augenhöhe bravourös absolvierte.

Seit der Fußballweltmeisterschaft 2010 vergeht keine Woche ohne einen neuen grenzüberschreitenden Deal irgendwo in Afrika oder Asien unter Beteiligung einer der neuen aufstrebenden südafrikanischen schwarzen Unternehmer. Südafrikanische Firmen, vor allem in den Bereichen Bergbau, Energieversorgung, Bankwesen, Telekommunikation und Lebensmittelhandel, werden in Afrika insgesamt immer wichtiger und mächtiger. Ihr Erfolg basiert allerdings nicht immer auf einer simplen Eroberungsstrategie wehrloser fremder Märkte, sondern zunehmend auch auf der Fähigkeit der neuen südafrikanischen Geschäftselite, mit ebenbürtigen Partnern in anderen afrikanischen Ländern zusammenzuarbeiten.

Schlagzeilen machten in der zweiten Jahreshälfte 2010 vor allem Angehörige der Zuma-Präsidentenfamilie. Khulubuse Zuma, ein Neffe des Staatschefs, erwarb über zwei Filialen seiner Holding Impinda zwei lukrative Ölkonzessionen im Nordosten der Demokratischen Republik Kongo, die der dortige Präsident Kabila vorher eigentlich anderen Ölfirmen zugesprochen hatte. Die Zuma-Firmen, registriert auf den Jungferninseln in der Karibik, zahlten für den Erwerb der Ölfelder von Ituri Millionenprovisionen an Kongos Regierung, kurz bevor Präsident Zuma als Staatsgast zu den 50. Unabhängigkeitsfeiern des Kongo am 30. Juni 2010 in Kinshasa empfangen wurde. Wenige Wochen später kaufte der südkoreanische Firmengigant Daewoo 49 Prozent von Impinda; es hieß, damit wolle Südkorea – eines der wichtigsten Werftenländer der Welt – in den boomenden Sektor des maritimen Güterverkehrs in Afrika einsteigen. Daewoo hat bereits Joint Ventures mit Staatsunternehmen in Nigeria und Angola im Transportsektor gegründet. Khulubuse Zuma hatte schon 2009 mit Aurora, einer seiner weiteren Firmen, gemeinsam mit einem Enkel Nelson Mandelas das Goldunternehmen Pamodzi erworben; mehrere Aurora-Minen in Südafrika sind seitdem wegen unmenschlicher Arbeitsbedingungen ins Gerede gekommen.

Eines der wichtigsten Vehikel zur Sicherung »schwarzer« Unternehmensanteile in Südafrika ist die von MTN-Chef Cyril Ramaphosa geleitete Shanduka Group. Gegründet im Jahr 2000, besitzt Shanduka die Mehrheit an der Abfüllungsproduktion für Coca-Cola-Produkte in Südafrika und damit eine vorherrschende Stellung in der Lebensmittellogistik, dazu Anteile an mehreren Kraftwerken und Bergbaufirmen. Im Jahr 2009 erhielt Ramaphosa den seit 2008 vom Londoner Magazin *African Business* gestifteten panafrikanischen Preis des »Business Leader of the Year«, überreicht von Ruandas Präsident Paul Kagame; MTN wurde zur Telekommunikationsfirma des Jahres gekürt.[24]

Shanduka interessiert sich jetzt für eine stärkere schwarze Unternehmensbeteiligung auch an Südafrikas Bergbau, dem wohl kapitalkräftigsten einheimischen Wirtschaftszweig Afrikas, der nach aktueller Gesetzeslage bis zum Jahr 2014 25 Prozent seines Eigentums an schwarze Unternehmen im Rahmen von »Black Economic Empowerment« übertragen muss. Ramaphosas Firma hat bereits dieses Jahr die Mehrheit an der Bergbaufirma Incwala übernommen, die früher dem britischen Bergbauunternehmen Lonmin gehörte; Ramaphosa ist zugleich auch einer der Geschäftsführer Lonmins. Lonmin, weltweit einer der Marktführer in der Förderung von Platin, hat sich ebenso wie das bislang größte südafrikanische Bergbauunternehmen Anglo American im Jahr 2010 über Einmischung der südafrikanischen Regierung bei der Vergabe von Verkaufs- und Förderrechten zugunsten von ANC-Größen beschwert.[25]

So verlor Kumba, eine Tochterfirma von Anglo American, die Rechte an der lukrativen südafrikanischen Eisenerzmine Sishen an die im Bergbau völlig unerfahrene Imperial Crown Trading, welche als der ANC-Spitze nahestehend gilt – sie gehört zum Teil einer Freundin des südafrikanischen Vizepräsidenten Kgalema Motlanthe. Imperial begann sofort danach, die Rechte an Sishen an die indischstämmige Gupta Group zu veräußern, die Unternehmensgruppe der 1993 aus Indien nach Südafrika ausgewanderten schwerreichen Gupta-Familie, eine der wichtigsten finanziellen Gönner des ANC. Präsident Zumas Sohn Duduzane Zuma sitzt im Gupta-Vorstand. Er besitzt zusammen mit Rajesh Gupta die Firma Mabengela Investments, Teil des Ayigobi Consortium, eine Holding für staatlich angeordnete »Black Economic Empowerment«-Eigentumtransfers in Südafrika. Der indische Stahlriese Arcelor Mittal musste einen 26-Prozent-Minderheitenanteil an seiner südafrikanischen Filiale AMSA an Ayigobi abtreten, um in Südafrika groß einzusteigen.

Gründer und Leiter von Ayigobi ist der Geschäftsmann Sandile Zungu, ein alter Freund und Spendensammler Präsident Zumas. Sowohl Mittal als auch Gupta sind außerdem Berater der Frelimo-Regierung Mosambiks. Duduzane Zuma wird in der südafrikanischen Presse ebenso wie der Zuma-Neffe Khulubuse Zuma und Julius Malema, der populistische und sich gern rassistisch äußernde Vorsitzende der ANC-Jugendliga, als führender Vertreter des »high life« der neuen schwarzen Elite beschrieben.[26]

Wohlhabende asiatischstämmige Geschäftsleute stehen ebenfalls an der Basis des Wiederaufbaus Ugandas unter Museveni, der 1993 die einst von Idi Amin vertriebenen ugandischen Inder zurück ins Land einlud und ihnen dann ermöglichte, ihre ehemaligen Unternehmen zurückzubekommen. Zwar kehrten nur 2000 der 55000 damals vertriebenen Inder nach Uganda zurück, aber eine umso größere Zahl Neueinwanderer zog in das boomende ostafrikanische Land.

Der Fernhandel zwischen Ostafrika und Südasien, der über den Hafen Mombasa in Kenia sowie Tansanias Hauptstadt Daressalam läuft, ist fest in indischstämmiger Hand, so wie in vorkolonialen Zeiten, als das heute zu Tansania gehörende Sultanat Sansibar den Knotenpunkt des Seehandels auf dem Indischen Ozean darstellte. Der Aga Khan, spiritueller Führer der ismaelitischen Muslime in Indien, ist einer der größten Investoren in Ostafrika, wichtigster Anteilseigner des einflussreichsten ostafrikanischen Medienverlages »Nation Group« in Nairobi und damit Besitzer der einflussreichsten Zeitungen und Radiosender der Region sowie Miteigentümer des Bujagali-Staudamms am Nil bei Jinja in Uganda, eines der größten afrikanischen Wasserkraftprojekte. Unzählige Bildungs-, Wohltätigkeits- und Mikrokreditprogramme werden außerdem vom Stiftungsimperium des Aga Khan betrieben. Der Aga Khan und die südafrikanische Shanduka von Cyril Ramaphosa gehören zu den größten Teilhabern des ostafrikanischen Seacom-Unterwasserkabelkonsortiums, das die östliche Seite Afrikas über den Indischen Ozean mit Indien verkabelt hat.

Auf der anderen Seite Afrikas, dem Atlantik und Amerika zugewandt, dominiert das Öl die Wirtschaft, und die Milliarden fließen schier ohne Ende. So hat sich dank der Ölförderung Angola innerhalb kurzer Zeit von einem zerstörten Bürgerkriegsland zu einem Boomland mit den höchsten Wachstumsraten Afrikas gewandelt, teils über 30 Prozent im Jahr; die Hauptstadt Luanda mit ihrer Mischung aus himmelschreiendem Elend in Slums und unermesslichem Luxus in den teils auf künstlichen Inseln errichteten Glitzerenklaven der einheimischen und ausländischen Ölmillionäre gilt als die teuerste Stadt der Welt.[27] Angolas staatliche Ölfirma Sonangol, Partner der großen Ölmultis bei der Ausbeutung der Offshore-Ölfelder des Landes im Atlantik, ist heute eines der kapitalkräftigsten Unternehmen Afrikas. Der 2008 eröffnete Sonangol Tower in Luanda gilt als Schaltzentrale der angolanischen Wirtschaft; er wurde für 130 Millionen Dollar von einem Konsortium gebaut, an dem neben Firmen aus Südkorea und Südafrika auch Sonangol-Geschäftsführer Manuel Vicente selbst einen Anteil gehalten haben soll – klassische Vetternwirtschaft.

Die Sonangol-Gruppe besitzt Unternehmen in allen Wirtschaftszweigen Angolas, darunter wichtige Banken, Telefongesellschaften und Transportunternehmen. Sonangols in Jahrzehnten des Bürgerkrieges gestähltes Management-Team gehört zum engsten Vertrautenkreis des Staatschefs Eduardo dos Santos und der einst marxistischen Regierungspartei MPLA. 1976 gegründet, damals mit Aufbauhilfe von Algerien und dessen staatlichen Ölmonopolisten Sonatrach, ist Sonangol heute Modell und Berater für staatliche Ölfirmen in mehreren Ländern Afrikas. Sonangol und Südafrikas staatliche Ölgesellschaft PetroSA wollen jetzt gemeinsam ein Netzwerk afrikanischer Ölraffinerien errichten. Anders als in früheren Jahrzehnten begnügen sich afrikanische Regierungen in ölreichen Ländern also nicht mehr damit, ausländischen multinationalen Konzernen die Kontrolle über ihre Ölindustrie zu überlassen. Sie wollen selbst die Hand auf die wichtigste afrikanische Quelle des Reichtums legen.

Zwar erscheint kein anderer Kontinent so weit davon entfernt wie Afrika, sein Öl zu verstaatlichen. Die Fertigkeiten und technologischen Mittel zur erfolgreichen Prospektion und Förderung gerade in unerschlossenen Gebieten Afrikas und seiner Küstengewässer bleiben auf absehbare Zeit fest in nichtafrikanischer Hand, weil die dafür nötigen Investitionen erfahrene und finanzkräftige Partner und die Möglichkeit zur Kapitalakquise an den internationalen Börsen erfordern. Diese Investoren arbeiten meist mit Afrikas staatlichen Ölkonzernen zusammen, aber zunehmend geben sich die Staaten nicht mehr damit zufrieden, dass die ausländischen Partner sowohl in der Förderung von Rohöl (*upstream*) als auch in der Herstellung und Belieferung von Ölprodukten (*downstream*) alles diktieren.

Afrikas Ölgigant Nigeria, wo die Kumpanei von Ölmultis und Militärregierung zu Lasten der Bevölkerung im Niger-Flussdelta in den Zeiten der Diktatur zu brutaler Repression und bewaffneten Aufständen geführt hat, versucht heute, eine stärkere Stellung einheimischer Unternehmen in der Ölindustrie per Gesetz durchzusetzen. Das im April 2010 vom Parlament verabschiedete »Nigeria Local Content Bill« verpflichtet Ölinvestoren dazu, mit Quoten von bis zu 100 Prozent nigerianische Zulieferer zu beteiligen und bei gleichwertigen Angeboten Nigerianer zu bevorzugen. Es beinhaltet außerdem Richtlinien zur »Nigerianisierung« der Ölkonzerne. Das ist im Ansatz eine Kopie des südafrikanischen »Black Economic Empowerment«. Eigentumsverhältnisse in der Ölförderung sollen in einem weiteren Reformgesetz, dem »Petroleum Industry Bill«, zugunsten nigerianischer Besitzer verändert werden. Dieses Gesetz würde Nigerias staatliche Ölgesellschaft NNPC in kommerziell überlebensfähige privatisierbare Einzelteile zerlegen, welche dann zusammen mit den Gemeinschaften der Ölgebiete höhere Anteile an Joint Ventures im Ölsektor bekommen.

In einer Industrie, die jährlich Investitionen in Höhe von über einer Milliarde Dollar anzieht, dürften sich dadurch lukrative Möglichkeiten für die neue nigerianische Unternehmerschicht eröffnen, die seit Ende der Militärherrschaft 1999 im Land Fuß gefasst hat. In nigerianischen Medien »Generation iPod« genannt,[28] sind dies ähnlich wie ihre Gegenüber im Umfeld des südafrikanischen ANC zumeist hervorragend vernetzte Jungunternehmer und -politiker im Kontext der seit 1999 unangefochten regierenden PDP (Demokratische Volkspartei). Sie kommen zumeist dadurch zu Geld, dass ihre Freunde Provinzgouverneure in Bundesstaaten mit beträchtlichen eigenen Einkommensquellen wie Öl oder Außenhandel sind.

»Godfathers« nennt man in Nigeria die reichen und mächtigen Lokalpolitiker, die einzelne Bundesstaaten regieren, deren fette Haushalte kontrollieren, lokale Wahlen organisieren und dabei die Ergebnisse festlegen, notfalls eigene Milizen aufstellen und bei Machtkämpfen ihren Einfluss gegen Vergünstigungen verkaufen. Sie beherrschen das demokratische Nigeria und seine »Dritte Republik«. Die wirtschaftliche Entwicklung der Nation können sie zwar nicht direkt steuern, wohl aber die sich daraus ergebenden Geldflüsse dirigieren. Auch dies ist Teil der neuen aufstrebenden afrikanischen Elite, die den Kontinent unter ihre Aufsicht nimmt und die zwischen politischer und ökonomischer Macht keine institutionelle Trennung für notwendig hält.

Der Geschäftsführer von Nigerias größter einheimischer Ölfirma Oando, Jubril Adewale Tinubu, wurde 2010 zum afrikanischen »Business Leader of the Year« gekürt.[29] Im Jahr 2001 hervorgegangen aus nigerianischen Anteilen an eingestellten Joint Ventures und der ehemaligen staatlichen nigerianischen Ölfirma Unipetrol, war Oando das erste afrikanische Unternehmen außerhalb Südafrikas, das an der Johannesburger Börse notiert wurde. Adewale Tinubu ist der Neffe des langjährigen Gouverneurs von Lagos, Bola Tinubu, der zusammen mit befreundeten Politikern Kapital zur Gründung der Firma gesammelt haben soll; Oando galt auch als wichtiger Unterstützer des Wahlkampfs der Regierungspartei PDP bei den Wahlen 2007. Tinubu ist ein Ausnahmefall in Nigerias neuer Elite: Er schloss sich bei Nigerias Demokratisierung nicht der neu gegründeten PDP an, sondern der in Lagos starken, aus der nigerianischen Bürgerrechtsbewegung hervorgegangenen »Allianz für Demokratie« (AD), die sich inzwischen in »Action Congress« (AC) umbenannt hat. Sie ist das Vehikel zur besonderen Vertretung der Interessen der Elite von Lagos, Afrikas bevölkerungsreichster Stadt, in der fernen nigerianischen Hauptstadt Abuja.

Als mächtigster und reichster Geschäftsmann Nigerias und ganz Afrikas überhaupt gilt der Nordnigerianer Aliko Dangote, Vorsitzender der Dangote Group, ein Wirtschaftskonglomerat, das Nigerias und damit Afrikas größte Zucker- und Zementfabriken besitzt. Mit einem geschätzten Vermögen von über zwei Milliarden Dollar wird Dangote in Nigeria verehrt, vor allem weil er bei jeder Gelegenheit sagt, dass er seine Milliarden nur in Afrika investieren wolle, nicht irgendwo anders. Er gilt als ein wichtiger Finanzier der regierenden PDP. Im September 2010 notierte Dangote die Zementfiliale seiner Gruppe an der nigerianischen Börse; das Ziel sei eine Steigerung des Börsenwerts von anfangs 15 Milliarden Dollar auf 50 Milliarden bis zum Jahr 2015, erklärte Dangote in einem Interview.[30] Zement und Baumaterialien sind eine sichere Wachstumsbranche in den wuchernden

Städten Afrikas, und Dangote plant Filialen in Äthiopien, der Elfenbeinküste, Ghana, Sambia und Senegal.

Allein die Größe Nigerias, mit 150 Millionen Einwohnern der unanfechtbare Gigant Westafrikas und das mit Abstand bevölkerungsreichste Land des Kontinents, bringt es mit sich, dass erfolgreiche nigerianische Unternehmen ihre Konkurrenz jenseits der Landesgrenzen meist automatisch in den Schatten stellen. Sie führt auch dazu, dass es nigerianische Unternehmer selten interessiert, andere Märkte als den eigenen zu erschließen. Das könnte sich aber jetzt allmählich ändern, zumal wenn die Verbindungen zwischen Nigeria und Südafrika enger werden und es Nigeria außerdem gelingen sollte, sein miserables Image im Rest Afrikas abzuschütteln.

Das allerdings ist wegen der außerordentlich starken Kontinuität zwischen etablierten und neu aufstrebenden Eliten in Nigeria zu bezweifeln. Nigeria steht in einer Reihe mit Afrikas anderen Ölstaaten – einerseits die Reihe frankophoner Länder Zentralafrikas plus Angola, die sich um den Golf von Guinea das lukrativste Offshore-Ölfördergebiet des Kontinents teilen, andererseits die Ölförderer des arabischen Maghreb in Nordafrika, allen voran Algerien und Libyen – die sämtlich die Politikmuster des alten Afrika reproduzieren.

Anders als ihre südafrikanischen Kollegen und Konkurrenten repräsentieren Nigerias neue Mogule keinen Bruch mit der Vergangenheit, ebenso wenig wie Sonangol in Angola und ihre kleineren Gegenstücke in den kleineren Ölförderländern Zentralafrikas. Sie sind meist durch Protektion früherer Machthaber und im Dunstkreis der seit Jahrzehnten herrschenden Eliten reich geworden. Allgemein ist in Afrikas Ölstaaten das alte postkoloniale Establishment dank seiner finanziellen Mittel intakt geblieben, auch wenn es gesellschaftlich und politisch diskreditiert ist. Es ist aber zugleich die wichtigste Finanzquelle für eigene afrikanische Investitionen in die Umgestaltung Afrikas.

Diese Abhängigkeit von alten Strukturen ist eine grundlegende Schwäche in der Wirtschaft des neuen Afrika. Eine zweite liegt in der anhaltend engen Verflechtung zwischen Wirtschaft und Politik in allen Staaten selbst nach politischen Umwälzungen. Der Aufbau neuer ökonomischer Machtverhältnisse ist eng verbunden mit dem Aufbau neuer politischer Ordnungen, gestützt von einem starken Militär- und Geheimdienstapparat, der in letzter Instanz über die Geschicke der Nation entscheidet. Es entsteht ein militärisch-industrieller Komplex in Afrika, Motor der ökonomischen Modernisierung des Kontinents und auch Gestalter des gesellschaftlichen Wandels, aber zugleich langfristig Garant politischer Starre.

Daraus ergibt sich perspektivisch ein Widerspruch, von dessen gütlicher Überwindung die Zukunft Afrikas abhängen wird: Können die Befreiungshelden, die sich für die Schöpfer ihrer Länder halten, ihre Macht schließlich auch der jungen Generation übertragen? Oder klebt die Elite in zunehmendem Realitätsverlust an den Insignien politischer Macht und wiederholt damit, ohne es zu merken, die katastrophalen Irrtümer jener zu Recht auf den Müllhaufen der Geschichte beförderten Generation Mobutus und Idi Amins?

Je mehr ökonomische Fakten die neue afrikanische Gründerzeit schafft, desto weiter wird sie sich von ihren politischen Ursprüngen entfernen müssen und eigene politische Fakten schaffen. Wenn sich einmal die neuen afrikanischen Unternehmerschichten gegen ihre Regierungen stellen sollten, denen sie ihren Aufstieg verdanken; wenn sie einmal dafür sorgen, dass es an der Wahlurne einen Machtwechsel gibt – dann schließt sich der Kreis der Erneuerung Afrikas, dann könnte auf den Aufbau einer modernen Wirtschaft auch die Verankerung einer demokratischen politischen Kultur folgen.

Noch ist es nicht soweit. Aber die Enttäuschung der Unternehmerschicht mit ihren Politikern ist schon sichtbar – zum Beispiel beim Sudanesen Mo Ibrahim, dem Gründer des erfolgreichen Mobilfunkunternehmens Celtel. Seine Stiftung »Mo Ibrahim Foundation« stiftet seit 2007 den vielbeachteten Mo-Ibrahim-Preis für »Achievement in African Leadership«, der jedes Jahr an einen besonders verdienten afrikanischen Politiker geht, der sich freiwillig von der Macht zurückgezogen hat.[31] Im ersten Jahr war Mosambiks Ex-Präsident und früherer Frelimo-Führer Joaquim Chissano der Preisträger, mit Nelson Mandela als Träger einer Ehrenmedaille. 2008 ging der Preis an Botswanas Festus Mogae. Aber 2009 und erneut 2010 wurde der Preis nicht verliehen – es gebe keinen würdigen Preisträger, der das Kriterium der »excellence« wirklich ausfülle, erklärte das Komitee. Nichts könnte deutlicher ausdrücken, wie gering Afrikas neue Geschäftswelt die Politiker des Kontinents schätzt.

Aufbruch: Kinder der Moderne

Am 22. November 2010 traten im Saal 337 des Hamburger Landgerichts zehn schmächtige, abgerissene Gefangene aus Somalia vor einen deutschen Richter. Die jungen Männer sollten sich dafür verantworten, am Ostermontag 2010 irgendwo zwischen Somalia und den Seychellen den deutschen Frachter MS Taipan in ihre Gewalt gebracht zu haben. Die Geiselnahme, eine von Hunderten in den somalischen Gewässern in den letzten zwei Jahren, wurde von niederländischen Spezialeinheiten beendet, die Freibeuter wurden festgenommen und nach Deutschland ausgeliefert.

Im ersten »Piratenprozess« Deutschlands seit mehreren hundert Jahren kollidierten die deutsche und die somalische Wirklichkeit. Die Angeklagten wussten nicht, wie alt sie waren, und es war ihnen größtenteils auch nicht nachzuweisen. Die deutschen Behörden konnten somalische Vor- und Nachnamen nicht voneinander unterscheiden. Eine korrekte Übersetzung der juristischen Fachbegriffe aus dem Deutschen ins Somalische war mangels Vokabular nur selten möglich. Die zehn jungen Somalis, kaum mehr als schlaksige Kinder, saßen im Gerichtssaal wie kuriose, neu entdeckte Zootiere, die auf ihre Klassifizierung durch ratlose Gelehrte warten.

Sie sind typische Kinder des modernen Afrika, in dem sich der größte Teil des Lebens jenseits der in Europa vertrauten Strukturen von amtlicher Erfassung und dokumentarischer Nachweise abspielt, aber dennoch voll in globale Zusammenhänge integriert ist. Die Hilflosigkeit der deutschen Justiz gegenüber den Piraten aus Somalia spiegelt eine grundsätzliche Befangenheit gegenüber dem neuen Afrika wider, das da in ungestümem Tempo und ohne sichtbare Regeln aus dem Boden schießt und wie selbstverständlich seinen Platz in der Welt einfordert.

Die Piraten vor der Küste Somalias, die sich mit Gewalt und durch Kidnapping ihren Anteil vom boomenden Überseehandel vor Ostafrika im Indischen Ozean holen, sind ein besonders extremes Beispiel für den afrikanischen Unternehmergeist, der sich das nötige Startkapital da holt, wo er es kriegen kann. Was soll die junge Generation Somalias, die nur Krieg kennt und kein Gesetz, auch sonst tun, um es im Leben zu etwas zu bringen? Die Warlords und Politiker in Teilen der Demokratischen Republik Kongo, die in rechtlosen Konfliktgebieten über die Kontrolle des Mineralienhandels und Abschöpfung seines Umsatzes zu Geld kommen, sind eine andere Manifestation dieses Phänomens, sich mangels eines funktionierenden Staates ohne Rücksicht auf Recht und Gesetz das für die Sicherung der eigenen wirtschaftlichen Zukunft nötige Geld zu besorgen. Europa wertet dies als organisierte Kriminalität oder illegale Ausplünderung zum Nachteil Afrikas. Aber diese Sichtweise greift aber aus mehreren Gründen zu kurz. Eine ganze Reihe Kongolesen und Somalis sind durch illegale Wirtschaftspraktiken sehr reich geworden, was am schier nicht enden wollenden ostafrikanischen Immobilienboom von Nairobi bis Goma zu beobachten ist, der entscheidend die Urbanisierung und Modernisierung der ostafrikanischen Gesellschaften vorantreibt.

Da niemand den Akteuren dieser Schattenwirtschaft staatsbürgerliche Pflichten auferlegt, können sie sich die Mühe sparen, zum Gemeinwesen beizutragen und sich für die Entwicklung ihrer Gesellschaften insgesamt zuständig zu fühlen. Sie widmen ihr Geld ausschließlich dem privaten Fortkommen. Die internationale Klage darüber, mit kongolesischen Rohstoffen und mit Piraterie vor Somalia werde Bürgerkrieg finanziert, ist zwar zum Teil gerechtfertigt, sollte aber auch die Tatsache berücksichtigen, dass diese Aktivitäten tatsächlich beträchtliche Geldsummen aus den internationalen Wirtschaftskreisläufen abschöpfen und in Konfliktgebiete umleiten. Ohne sie würden zahlreiche Menschen noch tiefer im Elend versinken. Mit ihnen findet selbst in Gebieten, wo keinerlei staatliche Ordnung herrscht und kein Neuaufbau zu erkennen ist, eine primitive Akkumulation statt.

Vielleicht ist dies die Vorstufe zu einem kapitalistischen Boom. Diejenigen Somalis, die durch Piraterie reich geworden sind, legen jetzt in ihren Heimatstädten die Fundamente für eine selbstbestimmte ökonomische Entwicklung: Sie bauen Häuser, sie gründen Firmen, sie halten die lokalen somalischen Banken und Telekommunikationsgesellschaften am Laufen. In 20 Jahren des Bürgerkrieges und des Staatszerfalls hat Somalia ohnehin eine ansonsten in Afrika unerreichte Fertigkeit erworben, ausschließlich mit informeller Wirtschaft zu überleben, die sich nicht auf Institutionen eines Rechtsstaats verlässt, sondern aus der eigenen Kraft ihrer Unternehmer schöpft, die sich freiwillig an einige Basisregeln halten. Somalia fand ohne staatliche Regulierung schneller Anschluss an globale Hochtechnologie und an die globalen Finanznetzwerke als so manches andere, weitaus stabilere afrikanische Land, insbesondere das benachbarte Äthiopien.

In Regionen der Demokratischen Republik Kongo, die vor allem von der informellen Wirtschaft leben und sich der staatlichen Kontrolle fast komplett entziehen, werden Gewinne aus Rohstoffexporten und anderen Geschäften noch eher vor Ort reinvestiert als dort, wo eine Regierung und ihre korrupte Verwaltung horrende Summen abschöpfen. Es herrscht mehr Stabilität und weniger Elend als in jenen Gebieten, die sich auf Gedeih und Verderb mit dem Zustand des kongolesischen Staates verbinden und bei dessen Verschwinden selbst abstürzen. Man kann es auch andersherum sehen: Verfüger über militärische Machtmittel können in diesen Gebieten ungestört ökonomische Privatinteressen verfolgen. Privatunternehmer in solchen Zonen müssen sich die Quellen ihrer Macht mit eigenen militärischen Mitteln absichern.

Der international gegeißelte Mineralienexport aus den Konfliktgebieten der Demokratischen Republik Kongo ist nicht nur eine Aktivität lokaler Warlords, Rebellen und Generäle, die sich damit ein lukratives Zubrot verdienen, sondern auch die Grundlage des Überlebens für die gesamte ostkongolesische Geschäftswelt, die seit dem Niedergang der kommerziellen Landwirtschaft keine anderen Produkte mehr zur Verfügung hat, mit denen sie auf den Weltmärkten Geld verdienen könnte. Sein Pendant, in der internationalen Diskussion viel weniger beachtet, ist der Import von Benzin und anderen für die Wirtschaft lebenswichtigen Gütern des täglichen Bedarfs, die aus der arabischen Welt via Mombasa (Kenia) und Daressalam (Tansania) über Uganda und Ruanda in das Afrika der Großen Seen gelangen. Die Exporte zahlen für die Importe, und umgekehrt. Es ist weder möglich noch sinnvoll, in diesen Handelskreisläufen zwischen legalen und illegalen Geschäften zu unterscheiden, außer im formalen Sinn der korrekten Besteuerung und Verzollung. Wichtig ist, dass sie den Wirtschaftsboom unterfüttern und für eine stetige Devisenzirkulation sorgen.

Oft blühen private Aktivitäten außerhalb jeder Legalität dort am besten, wo die postkolonialen Staatswesen am umfassendsten gescheitert sind und Ruinen in Form bankrotter Unternehmen und arbeitsloser Bevölkerungen hinterlassen haben. Die Menschen müssen etwas tun, um zu überleben. Zuweilen entstehen in solchen Regionen schwacher Staatlichkeit, die es in vielen afrikanischen Ländern gibt, private

Protostaaten außerhalb jeder öffentlichen Kontrolle und Regulierung. In manchen Ländern, wie Simbabwe mit seinen von Militärs und Parteigrößen kontrollierten illegalen Diamantenminen oder zum Teil auch in der Demokratischen Republik Kongo, sind ihre Träger sogar identisch mit den staatlichen Herrschern selbst.

Illegaler Handel mit Drogen, gewilderten Naturreichtümern oder sonstigen gewinnbringenden Waren ist überall in Afrika eine lukrative Wirtschaftsbranche im Schatten der legalen Wirtschaft geworden. Ihre Akteure sind ebenso Teil des afrikanischen Booms wie die Pioniere der Telekommunikation oder des Banksektors. Mächtige Militärs oder einzelne Politiker in Ländern wie Guinea-Bissau, Guinea, Gambia, Ghana oder Nigeria protegieren den Drogenschmuggel aus Südamerika über Westafrika Richtung Europa. Im Jahr 2010 nahmen in den unkontrollierbaren Weiten der Sahara-Wüste im Süden Algeriens und im Norden Mauretaniens, Malis und Nigers die Aktivitäten der sogenannten »al-Qaida im islamischen Maghreb« sprunghaft zu. Sie sollen sich aus dem lukrativen Transsahara-Handel finanzieren, bei dem die Grenzen zwischen legalen und illegalen Geschäften fließend sind.

In Nigeria gibt es neben der offiziellen Ölförderung einen schwunghaften Ölschmuggel, in den sowohl Militärs als auch Ölrebellen verwickelt sind und die zu andauernden bewaffneten Aktivitäten in den Ölgebieten des Niger-Flussdeltas führen. Diese Zusammenhänge entziehen sich weitgehend der Öffentlichkeit. Nur zuweilen blitzen sie mit merkwürdigen Nachrichten auf, etwa als am 26. Oktober 2010 der Zoll im Hafen Apapa von Lagos 13 Schiffscontainer voller Waffen aus dem Iran fand, deklariert als Baumaterialien für Gambia, oder als am 21. November im Lagoser Terminal Tin Can Island sechs Militärlastwagen und zahlreiche Kisten voller Waffen und Munition in einem Container entdeckt wurden und der Importeur erklärte, er sei Angehöriger der US-Marine und das sei sein Privateigentum.[32]

Da weite Gebiete Afrikas nur nominell unter Kontrolle von Regierungen stehen, öffnen sich rechtsfreie Räume auch im geographischen Sinne. Afrika wird zum Kontinent der unbegrenzten Möglichkeiten, das letzte Refugium der Raub- und Glücksritter. Anhand der spärlichen verfügbaren Daten, die oft lediglich auf Schätzungen und Hochrechnungen beruhen, lässt sich feststellen, dass die Blüte von Wirtschaftsaktivitäten außerhalb jeglicher Kriterien von Legalität ab dann sichtbare und dauerhafte politische Folgen zeitigt, wenn die Erlöse daraus 100 Millionen Dollar im Jahr überschreiten. Um diese Schwelle herum bewegen sich die Einnahmen aus der somalischen Piraterie und dem informellen kongolesischen Mineralienexport. Bei solchen Summen sind funktionierende geschäftliche Strukturen unumgänglich, und ihr Funktionieren muss von Machtpersonen garantiert werden – entweder innerhalb bestehender Staatswesen oder außerhalb.

Die Blüte halb legaler Handelsaktivitäten in Afrika ist ein Nebenprodukt des Wirtschaftsaufschwungs und der zunehmenden afrikanischen Integration. Die Politik hält mit der Wirtschaft nicht Schritt. Je weiter Afrikas neue Unternehmerschicht grenzüberschreitend agiert und Afrika zusammenführt, je weiter sie nicht nur eine Sache kleiner Cliquen bleibt, sondern tatsächlich den Unternehmergeist des gesamten Volkes mobilisiert, desto mehr löst sie sich von politischer Bevormundung und von nationalstaatlichen Restriktionen. Ähnlich wie einst die Führer afrikanischer Befreiungsarmeen das Prinzip der Nichteinmischung überwanden, ignorieren die Führer afrikanischer Wirtschaftsentwicklung die Formalien staatlicher Souveränität. Lästige Staatsgrenzen werden nicht einfach nur ignoriert, sondern es gründen sich auf der Kunst dieses Ignorierens auch florierende Wirtschaftskreisläufe des grenzüberschreitenden Handels jenseits staatlicher Kontrolle, zuweilen mitgetragen von den Staatsdienern, die damit in Ermangelung vernünftiger Gehälter ihren Lebensunterhalt bestreiten. Je mehr Afrikas Politiker die Einheit ihres Kontinents und die grundlegende Bedeutung einer gemeinsamen afrikanischen Gesamtidentität gegenüber dem Rest der Welt predigen, desto weniger können sie etwas dagegen unternehmen.

So trägt Afrikas Einheit dazu bei, dass die afrikanischen Staaten an Relevanz einbüßen und abzusterben beginnen. Afrika sucht sich neue politische Formen, die mit jenen aus der Zeit der Unterwerfung nur noch wenig gemein haben. Mit der zunehmenden zeitlichen Entfernung zur Kolonialherrschaft wird ja nicht nur der Kolonialismus selbst zu einer relativ kurzen Episode in der afrikanischen Geschichte. Auch sein Erbe in Form der postkolonialen Staatenordnung verliert zusehends an Gewicht, Legitimität und Sinnhaftigkeit.

Wo das neue Afrika entsteht, taucht zuweilen auch ein altes Afrika wieder auf, von der europäischen Eroberung zunächst verschüttet und dann unter dem Eindruck der Kolonialzeit zunächst in Vergessenheit geraten. Nicht zufällig sind diejenigen afrikanischen Länder, die heute für die fortgeschrittenste Modernisierung stehen, die Nachfolger der erfolgreichsten und gefestigsten vorkolonialen Staaten, die sich der kolonialen Eroberung am hartnäckigsten widersetzten: das jahrhundertealte Königreich Ruanda, das sich zum Zeitpunkt der Ankunft der Deutschen im Prozess der Expansion ins heutige Kongo befand; Buganda im Kernland des heutigen Uganda, zum Zeitpunkt der Eroberung durch die Engländer ein blühender und selbstbewusster Staat; das abessinische Imperium, das sich als ältestes christliches Großreich der Welt betrachtete und sich als einziger afrikanischer Staat der europäischen Eroberung erfolgreich mit Waffengewalt widersetzte; das stolze Ashanti, Kern des heutigen Ghana, dessen Macht und Traditionen nur durch einen brutalen Zerstörungsfeldzug der Engländer gebrochen werden konnten; das Reich der Zulu im heutigen Südafrika, einer der schwierigsten Kriegsgegner des britischen Empire im ausgehenden 19. Jahrhundert; und schließlich die Fulani-Emirate im Norden des heutigen Nigeria, wahrhafte Handelsimperien der Sahel-Zone, die sich der britischen Kolonie per Vertrag und nicht per Eroberung anschlossen.

All diese alten Identitäten streben heute zurück auf die politische Bühne, entweder innerhalb der Staaten, in denen sie sich heute befinden, oder als Herausforderung für diese. In Nordnigeria waren nach der Demokratisierung 1999 die alten feudalen muslimischen Emirate die treibende Kraft hinter der Wiedereinführung des islamischen Scharia-Rechts im Gegensatz zum nigerianischen Bundesrecht – ein Schritt auf dem noch nicht zu Ende gegangenen Weg zur Spaltung des nigerianischen Vielvölkerstaates. Die Emirate waren dazu aber nur fähig, weil in ihrem Schoß einige der mächtigsten Militärs und reichsten Geschäftsleute des Landes agierten, aufgewachsen im Schatten der Militärdiktatur und auf der Suche nach eigenen politischen Wirkungsfeldern. Die alte Politik verbindet sich bruchlos mit der neuen und kreiert Verhältnisse, die die bestehende Staatlichkeit sprengen können.

Die Abspaltung Südsudans vom muslimischen Norden Sudans um Khartum, die 2011 vollzogen werden soll, folgt ebenfalls dem Muster, die künstlichen kolonialen Territorialverhältnisse wieder abzuschütteln und an die eigenen Bedürfnisse angepasste Staatsformen zu finden. Sollte die Unabhängigkeit Südsudans gelingen, ist sie ein subversives Modell für nach eigener Identität und Selbstständigkeit strebende Völker überall in Afrika. Es geht dabei aber weniger um Kleinstaaterei als um eine Rückkehr zu angestammten regionalen Wirtschaftskreisläufen und alten sozialen Zusammenhängen, die quer zu heutigen Grenzen und staatlichen Loyalitäten liegen. Südsudan orientiert sich jetzt wieder Richtung Ostafrika, so wie früher, und nicht mehr den Nil abwärts Richtung Ägypten, wie es die Zwangseinverleibung durch die ägyptisch-britischen Kolonisatoren im frühen 20. Jahrhunderts zur Folge hatte. Ähnliche zentrifugale Kräfte, die eine Rückkehr zu ursprünglich etablierten Wirtschaftskreisläufen und grenzüberschreitenden sozialen Zusammenhängen darstellen, regen sich im Osten und Süden der Demokratischen Republik Kongo.

Wo die Träger der vorkolonialen Identität sich nicht im modernen Staat wiedererkennen, melden sie sich zuweilen mit Gewalt zurück. In Uganda setzte Präsident Museveni 1993 die nach der Unabhängigkeit abgeschafften vorkolonialen Königshäuser wieder als »kulturelle Institutionen« in Amt und Würden ein, und heute entwickeln sich diese Königreiche zu Kernpunkten der neuen politischen Identitäten der zunehmend mit ihrer sozialen Lage unzufriedenen städtischen Jugend, vor allem in der Hauptstadt Kampala, wo das Königreich Buganda seinen Sitz hat. Am späten Nachmittag des 10. September 2009 wurde das Zentrum Kampalas völlig überraschend der Schauplatz massiver ethnischer Ausschreitungen der einheimischen Baganda, wie die Bürger Bugandas genannt werden. Sie sehen sich von der Regierung Präsident Yoweri Musevenis benachteiligt und wollten nun endlich die Macht über »ihre« Hauptstadt Kampala zurückerobern und alle »Fremden« vertreiben. Museveni hatte wenige Tage zuvor dem traditionellen König Bugandas den Zugang zu einer Kleinstadt zwecks einer politischen Kundgebung verwehrt. Noch am Mittag war Kampala eine friedliche, pulsierende Großstadt; am Abend brannten ganze Straßenzüge, die Panzer rückten aus und so mancher fragte sich, ob er mit seiner »langen Nase« an den Baganda-Straßensperren vorbei nach Hause komme.

Die Revolte der städtischen Baganda-Jugend war kurzlebig, aber sie war ein Warnsignal. Sie war kein Aufbegehren hinterwäldlerischer, traditionsbehafteter Verlierer der Modernisierung, die sich nach alten Zeiten zurücksehnen. Sie war ein selbstbewusster Aufstand der Kinder der afrikanischen Moderne, die mit ihrer sozialen Lage zunehmend unzufrieden sind und Angst davor haben, von der rasanten Umwälzung all ihrer Lebensumstände auf der Strecke gelassen zu werden. Die Menschen greifen auf der Suche nach Orientierung angesichts stürmischer Veränderung auf Bewährtes aus alten Zeiten zurück, gerade wenn die eigenen Staatsordnungen diese Veränderung vorantreiben, und sie nutzen das Vertraute, um ihre Machthaber infrage zu stellen.

In Zeiten der urbanen Massenarbeitslosigkeit holen sich die Menschen selbst, was ihnen der Staat nicht bietet, notfalls auf Kosten anderer Volksgruppen, weil sie leichter anzugreifen sind als die Reichen in ihren waffenklirrenden Villenvierteln. Ethnisch gefärbter Sozialprotest liegt auch an der Wurzel des Auftrumpfens der diversen »patriotischen« Jugendmilizen in Abidjan. Während des Bürgerkrieges in der Elfenbeinküste, die erst den populistischen Präsidenten Laurent Gbagbo gegen Rebellen verteidigt und dann auch alle »Fremden« vertreiben wollten, auch solche, die seit Generationen dort lebten. In den aufsässigen Townships Südafrikas sind es oft die loyalsten und zugleich mit dem Ausbleiben sozialer Verbesserungen unzufriedensten Anhänger des ANC, die bei Pogromen gegen afrikanische Einwanderer an vorderster Front stehen und am radikalsten »Ausländer raus!« rufen. Die noch viel blutigeren ethnischen Massaker in Nigeria oder Kenia in den letzten Jahren folgen einem ähnlichen Muster: Wenn die Regierung die eigene Basis im Stich lässt, versucht die Basis, mögliche Konkurrenten um staatliche Gunst mit der Machete aus dem Weg zu räumen oder sich eben eigene Freiräume zu schaffen, in denen niemand Fremdes stört.

Mindestens genauso viele Fälle gibt es jedoch, in denen Afrikas junge Generation sich ethnischer Aufhetzung durch die Alten widersetzt und die Selbstverständlichkeit zurückweist, mit der die Altvorderen sie zu obskuren politischen Zwecken zu instrumentalisieren versuchen. Bei Gewaltausbrüchen vor schwierigen afrikanischen Wahlen gibt es immer mindestens genausoviele Stimmen, die dazu aufrufen, jegliche Manipulation zurückzuweisen und staatsbürgerliche Verantwortung notfalls auch gegen die Machthaber wahrzunehmen wie Scharfmacher. Es hätten sonst schon viel mehr afrikanische Länder an der Schwelle zur Demokratie in Bürgerkriege abdriften können.

Die Menschen sehnen sich nicht nach Krieg, sondern nach Frieden und dem Ende von Unterdrückung und Ungerechtigkeit. Vor allem suchen sie nach ihrem Platz im Afrika von morgen. Wenn es etwas gibt, das Afrikas Jugend heute eint, ist es der Hunger nach Bildung und nach Chancen: zur Schule gehen, möglichst zur Universität, möglichst irgendwann im Ausland, um dann irgendwann Geld verdienen und eine Familie gründen zu können – das alles ist noch immer nur einer Minderheit vorbehalten, und es ist das wichtigste individuelle Ziel fast aller aufstrebenden Jugendlichen in Afrikas wuchernden Städten. Sie sehen, wie um sie herum etwas Neues entsteht, aber sie sind nicht automatisch Teil davon. Wie überall auf der Welt gibt es Ausnahmesituationen, in denen man sich seinen Anteil mit Gewalt holen will – aber es sind eben Ausnahmesituationen, auch wenn sie immer wieder das Bild Afrikas in der Welt prägen. Der Normalfall ist ein eintöniges Leben voller Anstrengung in einem Umfeld ohne Sicherheiten.

Die Suche nach einer neuen politischen Kultur in Afrika, die die Veränderungen der Gegenwart erklären und steuern kann und in der sich auch die Bevölkerungshälfte wiedererkennt, die heute unter 18 Jahre alt ist, dauert noch an. Die alten Gewissheiten sind jedenfalls versunken, und sie kommen nicht zurück. Neue Gewissheiten aber bleiben bruchstückhaft. Millenarische Sekten, die das individuelle Heil durch Unterwerfung unter ein religiöses Regelwerk zum Nachteil der eigenen sozialen Bindungen predigen, haben regen Zulauf sowohl im afrikanischen Christentum als auch im afrikanischen Islam. Afrikanische Sportler im Ausland, vor allem die großen Fußballstars in Europa, werden von Millionen afrikanischer Jugendlicher als Idole und Vorbilder verehrt. Der traditionell enge Zusammenhalt der afrikanischen Großfamilie lockert sich, wenn die Alten den Jungen kein Leitbild mehr sind und die Unterordnung eines Geschlechts unter das andere nicht mehr selbstverständlich akzeptiert wird. Es mangelt allerorten an kultureller Orientierung, an historischen Leitfiguren, und auch an positiven Deutungsmustern, die die guten und auch die schlechten Errungenschaften des modernen Afrika in den Kontext ihrer Zeit stellen und die eigene Interpretationen des afrikanischen Zeitgeschehens an die Stelle der vom Rest der Welt vorgesetzten Erklärungsmuster setzen.

Dennoch sind alle Voraussetzungen gegeben, damit Afrika innerhalb weniger Jahrzehnte den großen Sprung schaffen kann, der den Kontinent aus dem Elend herausführt. Der Kontinent findet allmählich einen neuen Platz in der Welt, und eine beispiellose wirtschaftliche Dynamik ist am Werk, gestützt durch Regierungen, die das Stehen auf den eigenen Füßen zur Staatsräson erklärt haben. Gleichzeitig sind auch alle Voraussetzungen gegeben, damit Afrika erst einmal tiefer in Krisen und Problemen versinken könnte. Zahlreiche Länder sind mit den von ihnen selbst initiierten Veränderungen überfordert, andere sind chronisch instabil und zerrissen. Die Menschen müssen sich hier ihre eigenen Wege selbst erfinden, in Zusammenhängen, die sie selbst weder durchschauen noch beherrschen. Afrika befindet sich mitten in einer gefährlichen Übergangszeit, die die Legitimität aller politischen und gesellschaftlichen Zusammenhänge auf eine harte Probe stellt. Manche Länder können daran zerbrechen, einige sind es bereits. Andere werden zu einer neuen, anderen Ordnung finden. Die Zukunft ist offen.

Anmerkungen

1 Angaben laut International Telecommunications Union (ITU): *Key Global Telecom Indicators 2010,* www.itu.int.

2 Diese und folgende Angaben: Bevölkerungsprojektion der Vereinten Nationen: United Nations Population Division: *World Population Prospects. The 2008 Revision,* http://esa.un.org.

3 Angaben laut der Ausgabe 2010 des alle fünf Jahre vorgelegten Afrika-Wirtschaftsbericht der UN-Wirtschaftskommission für Afrika (Uneca) und der Afrikanischen Union: *Economic Report on Africa 2010: Promoting High-level Sustainable Growth to Reduce Unemployment in Africa.*

4 Die im afrikanischen Diskurs sehr einflussreich gewordene McKinsey-Studie *Lions on the move. The progress and potenzial of African economies* (Juni 2010) hat den Löwen-Begriff endgültig durchgesetzt.

5 *Achieving Strong, Sustained and Shared Growth in Africa in the Post-crisis Global Economy,* Vorbereitungspapier der Afrikanischen Entwicklungsbank AfDB für den G-20-Gipfel in Seoul, November 2010.

6 All diese und folgende Angaben aus: Uneca/AU: *Economic Report on Africa* 2010; AfDB: *Africa & Global Economic Trends Quarterly,* verschiedene Ausgaben 2010; AfDB-Papier (op.cit.); McKinsey-Studie (op.cit.).

7 Vor allem im Vorfeld des G8-Gipfels von Heiligendamm 2007.

8 Peter Draper/Sheila Kiratu/Cézanne Samuel: *The Role of South African FDI in Southern Africa,* Deutsches Institut für Entwicklungspolitik, Discussion Paper 8/2010, Bonn, Juli 2010.

9 Yoweri Museveni: *Sowing the Mustard Seed. The Struggle for Freedom and Democracy in Uganda.* Macmillan, London 1997, diese und folgende Übersetzungen aus dem Englischen: Dominic Johnson.

10 Godfrey Ondoga ori Amaza: *Museveni's Long March: From Guerilla to Statesman.* Fountain Publishers, Kampala 1998.

11 Der Originaltext der Rede »I am an African« ist nachzulesen auf der ANC-Webseite: www.anc.org.za/4322.

12 Diese Zahl nannte der britische Publizist Alan Moorehead nach ausführlichen Reisen in seinem Sammelband *No Room in the Ark*. Reprint Society, London 1959.

13 46 Prozent Rückgang der Artenvielfalt und Bestände allein zwischen 1970 und 2007 laut *Living Planet Index* des WWF im Jahr 2010 (www.panda.org); durchschnittlicher Rückgang des Tierbestandes um 59 Prozent zwischen 1970 und 2005 laut Ian Craigie et al.: *Large mammal population declines in Africa's protected areas*, Studie des Institute of Zoology, London, Vorabveröffentlichungen Juli 2010.

14 Kagames Inaugurationsrede, 6. September 2010, veröffentlicht auf rwandatekaiteka.over-blog.com sowie als Podcast auf der offiziellen Seite www.paulkagame.com.

15 Zumas Inaugurationsrede, 9. Mai 2009, veröffentlicht auf www.politicsweb.co.za.

16 Jonathans Rede zur Annahme des Präsidentenamts, 9. Februar 2010, veröffentlicht auf allafrica.com/stories/201002100356.html.

17 ›Nigeria to witness Rujugiro's success story‹, in: *The Sun* (Nigeria), 30. Oktober 2010.

18 ›What's wrong with Africa? Address at Daressalam University, Tansania, 11. Juli 1986‹, in: Yoweri Museveni: *What is Africa's Problem? Speeches and Writings on Africa*. NRM Publications, Kampala 1992.

19 Rede von Cyril Ramaphosa auf dem »Entrepreneur of the Year Award 1998«, 8. Oktober 1998, www.shanduka.co.za/index.html?lf=1;pg=52;ai=667.

20 *Celebrating Africa's Unsung Heroes: Miko Rwayitare*, Presseerklärung der African Leadership Academy, 13. Oktober 2010, www.africanleadershipacademy.org/alaresources/press_center/news_articles/Miko_Rwayitare.html.

21 Dies schreibt der ugandische Journalist Charles Onyango-Obbo, einer der bekanntesten Publizisten Ostafrikas, in: ›Rwanda: Kagame's Congo Crisis‹, in: *The East African*, 19. Juli 2010.

22 Siehe unter anderem den *Rwanda-South Africa Trade and Investment Newsletter* der ruandischen Botschaft in Südafrika, Ausgabe Sommer 2010, rwandaembassy.co.za.

23 *JSE Presents Findings on Black Ownership on the JSE,* Presseerklärung, 1. September 2010, www.jse.co.za/About-Us/Media/Press-Releases/Full-Story/10-09-02/JSE_Presents_Findings_on_Black_Ownership_on_the_JSE.aspx.

24 African Business Awards 2009 Winners, www.ic-events.net/awards/african_business_awards_2009/07winners.php.

25 Eine Reihe südafrikanischer Presseartikel im Sommer 2010 thematisierte dies, z. B. ›The threat to Lonmin is a threat to all‹ auf der einflussreichen Webseite Miningmx, 6. August 2010, www.miningmx.com/opinion/columnists/brendan-ryan/the-threat-to-lonmin-is-a-threat-to-all.htm.

26 ›Julius Duduzane »live the high life«‹, unter: news24.com, 17. Januar 2010, www.news24.com/SouthAfrica/News/Julius-Duduzane-live-the-high-life-20100117.

27 Zum wiederholten Mal in der Ausgabe 2010 des *Mercer Cost of Living Survey,* der Lebenshaltungskosten für in die Fremde entsandte Führungskräfte weltweit vergleicht: www.mercer.com/costofliving.

28 Nach dem in Nigeria vielzitierten Artikel ›The I Pod Generation Comes To Town‹, in: *This Day* (Lagos), 9. März 2005.

29 African Business Awards 2010 Winners, www.ic-events.net/awards/african_business_awards_2010/07winners.php.

30 *Dangote: $14bn of Nigerian dominance,* Interview mit dem FT-Blog »beyondbrics«, 18. Oktober 2010.

31 www.moibrahimfoundation.org.

32 ›Military trucks, hardware impounded at Lagos port‹, in: *The Sun* (Nigeria), 23. November 2010.

© privat

Dominic Johnson ist Afrika-Redakteur der *taz* (*die tageszeitung*). Seit 1990 berichtet er aus zahlreichen afrikanischen Ländern. Besonders intensiv arbeitete er in den letzten Jahren zur informellen Wirtschaft in den Krisengebieten des Kongo. Er bereist das Land mehrmals im Jahr und schreibt darüber regelmäßig auch in seinem Blog »Kongo-Echo«.

P

Politik bei Wagenbach – Eine Auswahl

Josef H. Reichholf Der Tanz um das goldene Kalb

Der Ökokolonialismus Europas

Dieses polemische und politisch brisante Buch erklärt, weshalb die moderne Hochleistungslandwirtschaft der nachhaltigen Entwicklung mehr schadet als Bevölkerungsexplosion oder Schadstoffausstoß. Der für sein unorthodoxes Denken bekannte Ökologe Josef H. Reichholf hat in langjähriger Arbeit Material und Fakten für dieses Buch zusammengetragen. Auf Grundlage der neuesten Zahlen spitzt er seine zentralen Thesen zu und macht deutlich, was wir tun können, um den »Ökokolonialismus« zu beenden.

WAT 657. 152 Seiten

Paul Ginsborg Italien retten

Was ist 150 Jahre nach der Gründung aus Italien geworden? Können die Ideen, die damals zur Einigung geführt haben, das heutige Italien retten? Ein Plädoyer gegen die Traurigkeit und Resignation, die sich in seinem Land breitmachen, und gegen die Enttäuschung über den Zustand der italienischen Demokratie, im und außerhalb des Landes. Paul Ginsborg ist einer der besten Kenner der italienischen Geschichte und aktives Mitglied der Zivilgesellschaft Italiens, wo er seit 18 Jahren lebt und dessen Staatsbürger er vor Kurzem geworden ist.

Aus dem Italienischen von Friederike Hausmann und Rita Seuß
WAT 655. 144 Seiten